わくわくスピリチュアル

ー神社の神々や眷属とのやりとりで分かった霊界の真実ー

稲田千明

アメージング出版

はじめに　―袖振り合うも他生《たしょう》の縁―

最近は着物を着ないのでほとんど死語になってしまいましたが「袖振り合うも他生の縁」と昔は言ったものです。狭い道で、袖が触れ合わないように振り合うのも、宿縁によるものだという意味です。「触れ合う」と書いてあるものも「多生」と書いてあるものもありますが同じ意味です。輪廻転生というものは実際にあり、この世で起こるさりげないことでも、人と人との関係では偶然ではありえないということを、昔の人もよく分かっていたのでしょう。「他生」のように、次に生まれる時のことを「来生《らいしょう》」と我々は言っておりますが、これを「来世《らいせ》」と書いても同じことで、わたしも最初はどちらも使っていましたが、来生と言ったほうがやはりピンときます。

前置きが少し長くなってしまいましたが、わたし達の本を手にしていただきありがとうございます。この本は、わたしと主人との共同執筆です。稲田千明《いなたちあき》は、二人でひとつの共同の筆名です。

ただ、主人に書かせてしまうと、だいたい内容が固くなり、多くの女性読者には敬遠されてしまいます。そこで、今回は妻であるわたしが、女性の視点で書くことにしました。書くことは簡単です。なぜなら、今までわたし達のブログにもちょこちょこ書いてきたことを中心に、実際に体験した神様や眷属《けんぞく》とのやりとりを記す、実体験に基づく作業だからです。

わたしは、ただふつうに日々の生活を前向きに送っている女性です。自分で言うのはなんですが、明るくて子どもの頃から友だちが多く、みんなとはしゃいで学校生活を送りました。話すことが好きで、高校では放送部に入っていました。家の事情もあり、大学には行かず、高校を卒業すると地元の大企業に入り、庶務の仕事をしていました。

ここでは十五年間勤務しました。そして結婚し二人の娘を出産した後に離婚し、今の主人と再婚しました。今の夫は大学の教育学部を卒業して教職に就き、結婚はわたしよりも早かったのですが、バツ2で息子が一人いる状態で、わたしと再婚しました。そして、わたしとの間にも息子を一人授かりました。主人は教えることが好きなようで、いろいろなジャンルの研究をしています。早期退職し、平成三十年現在、京都大学大学院に籍を置きながら、並行して、高校の非常勤講師や家で個別指導塾をしています。わたしはマッサージの仕事をして毎日を送っています。

わたしと上の息子、主人と娘達二人とは血縁関係はありませんが、お互い全く遠慮がありません。それは霊的に見ると、実際に本当の親子関係であるからです。

わたし達の家族に突然、霊的な変化が現れ始めたのが、平成十四年十二月のことで、下の息子が産まれて一カ月経った頃でした。主人とわたしとは霊的な意味でも夫婦です。少し詳しく言えば、霊界で夫婦になることを定められ、計画して産まれてきた関係なのです。

そういう場合、この三次元世界でその出会いができず、他の相手と結婚した場合、何度でも離婚させられます。お互い子どもがいようと関係ありません。その方が神の意に適っているのです。そして、子どもにとって血は繋《つな》がっていなくても、霊的な親と一緒に生活する方が幸福になるのです。

ともあれ、平成十四年の息子の誕生をきっかけに、多くの神様やその眷属、その他いろいろな霊体とやりとりができるようになったのです。眷属とは、簡単に言えば家来のこと。神社の神様の眷属とは、竜・キツネ・ヘビなどです。キツネやヘビといっても基本的には霊体です。

様々な要素が重なって、「霊的なこと」が起こってきます。

それは「自分が霊能者の家系に産まれた」「修行を重ねた」「臨死体験をした」などが挙げられますが、わたし達はどれにも当てはまりません。神々に聞くと、わたし達の間に子どもを授かることが霊的に神々とやりとりできる条件になっていたのです。

世の中にはスピリチュアルな仕事をして生活をしておられる方もいますが、わたし達はそういうことはしません。神々から禁止されていますし、基本的に個人的な悩みを解決することはわたし達の仕事ではないのです。人の相談に乗って、霊的な障りがあればそれを取り除くこともしますが、報酬は受け取りません。遠くへ出かける場合は旅費や宿泊費をいただいたり、お土産をいただいたりすることはありますが、それ以上はありません。また、ほとんどの場合は、話を電話で聞いただけで、その光景が見え、どんな霊体が何人何匹いるのかも分かります。その霊体をわたしの所に呼んで話を聞き、どういう理由でそこに居座っているかも聞いて、霊界に返したり罰をしたりするなど処理をしてしまうので、わざわざ行く必要がないのです。

しかし、そこまでなるのに、霊的な現象が家族に起こり始めてから一年間ばかり、使命と新しいことを知る喜びがあると同時に霊障に苦しみました。

世の中には霊能力を身につけたいと思って修行される方もおられますが、わたしはお勧めしません。様々な霊が来て処理できなくなり、日常生活に支障をきたします。霊的な能力があるから偉い人だということもありません。霊的なことを何のために使おうとしているかということが問題になります。自分が金持ちになりたいから霊能力がほしい。これはアウトです。

逆なことを言うようですが、霊的なことが分かる人間は必要です。この世は三次元だけで成り立っていて、死ねば全てなくなり、自分という者は存在しないと皆が思うようではいけないのです。人間は肉体的存在であるだけでなく、霊的な存在でもあるといろいろな点から証明できる人間がいなければならないのです。

どんなに悪いことをしても分からなければいいと思う人もいます。しかしそうではなく、やったことはみんな自分の霊体に記憶され、あの世に帰ったときは、何も隠すことはできません。霊界で罰せられるだけでなく、来生で次に肉体を持ったとき、どういう所にどういう姿で産まれるかということが変わってきます。そういうことをしっかりと伝える人間も必要なのです。

今考えると子どもの頃、わたしは少し霊的な体質だったようです。そうかと言って、スピリチュアルな本を読んだりしませんでしたし、今でも読みません。ただ、書店やインターネットで、たまたまそういう記事を見ると「これって、本当のことが書いてあるね」とか、「こんなこと書いたらおかしいよね」とは自分の日々の体験から思ってしまいます。

皆さんは「神様」と聞くと、気難しい自分とは離れた存在、正装して拝んだり正座して向かい合う存在だと思ってはいませんか？　もちろん、その態度は間違いではありません。しかし、わたしの家では違います。一緒に話をしたり、笑ったり、ふざけ合ったりする存在でもあるのです。

ただ、神社ではきちんと神様の前で手を合わせます。それは、たとえれば、自分の通っている高校の校長先生が自分の父親であるというような関係です。家では一緒にくつろいでも、全校朝会や卒業式では、きちんとするでしょう。けじめはやはり大切なのです。

わたしは神社にはよく行きますが、楽しく明るく生活することがモットーです。ここには、「えっ！　そんなことがあるなんて信じられない…」というような話も出てきますが、神様は、わたし達家族にとってごく普通で、日常の存在です。つまり、家族や友人のような存在なのです。それは、わたし達だけが特別なのではありません。あなたのご両親やご兄弟、お友達、そしてあなたご自身が、神々の分霊《わけみたま》を持っているかも知れないのです。特にわたしの本を手に取って読もうとしているような方は、その可能性が高いと申し上げておきましょう。

しかつめらしく考えなくても、まずはこの本でワクワクドキドキしてもらえればいいのです。

稲田千明

目次

第六章　清めの仕事

第一章　神々との出会い

わたしの家族はどうして霊力があるのか？

このような質問に対しては、ひと言で答えが言えます。産まれる前から霊的な仕事をするように、霊界で設定されていたからです。もうひとこと加えるならば、霊的な力を発揮して、終末の世界を破局から救うためです。

産まれる前の霊界ではどうだったかは別にして、肉体を持って以降は自分達から望んで、こうなったわけではありません。霊能力がほしいと思って修行をしていませんし、霊能力でお金を稼《かせ》ぐことも許されていません。人に話をすれば、ほとんどの人から気味悪がられ、精神異常者のように言われてしまいます。

主人は職場で、気の合う人何名かに霊的なことを話したところ、上司から呼び出しを受け、気味悪がられるから職場では話さないように言われたり、挨拶以外、ひと言も話をしなくなったりした同僚もいたそうです。

ですから、わたしや息子たちや娘たちは、幼いときから、主人とわたしが中心となって立ち上げた山陰神話研究会の会員を除いては、親戚にも友人にも身の回りで起こっている霊的なことは話しません。日常の世界の中で霊的なことを言い出すと、生活ができなくなってくるのです。そうなった時に向かう先は、ほとんどの場合霊能者として信者を集めることで、独特のコロニーを作り、信者からお金を受け取って生活することですが、わたし達はそれをしてはいけないと言われているし、する気もありません。

それでも、一方でこの本を書いているように、霊界から伝えられたことや、霊的に読み解いたことを伝えなければならないのです。なぜなら、神界の法則を人々に伝えて、この世自体を神の理想とする世界に近づけるという仕事をするように言われているからです。

変化のはじまり

平成十四年は、わたし達家族の始まりの年でした。主人もわたしも、うまくいかなかったパートナーと別れて、四月から米子の日本海の潮騒の聞こえるアパートの二階に住み始めました。その時、わたしのお腹の中には今の主人との間にできた下の息子がおり、小学校一年生の下の娘だけを連れていました。上の息子は主人の前妻、上の娘はわたしの前夫の所におりました。

わたしは物事に楽観的で、本当に好きだった人と一緒に生活を始めたこと、またその人との間にできた赤ちゃんがその年の末に出産予定でもあり、嬉しくて、うきうきしていました。

しかし、主人は精神的に弱く、人間関係で苦しんで、仕事も長期間の休みを取っていました。わたしは、主人の気が晴れるように、お腹の子も含めて四人で横浜に住んでいるわたしの叔母の所へ行ったり、レンタル店で楽しそうなビデオを借りてきたりして、みんなで見ていました。主人は、これから始まる生活にも、教師という仕事にも、何の希望も見いだしていないようでした。

そういう中でも、主人は近くの粟嶋《あわしま》という神社に毎日参拝に行っていました。中海に面する小高い山の上にあり、辿り着くには一八九段の急な石段を登り切る必要があります。米子では最も大きな社殿を構える、万葉集にも歌われた歴史の古い神社です。

わたし達家族に、はっきりと霊的現象が現れ始めたのは、平成十四年の年末で、十二月もあと数日で終わろうとする時でした。その年の秋に産まれた下の息子の身体にいろいろと不調があることが分かり、主人の粟嶋神社の参拝は快癒《かいゆ》のための祈願となっていました。神社でよく会うようになった境港市に住むTさんが、霊的能力があるということで、主人は産まれた息子のことを話し、お祈りの仕方を聞き、彼をアパートに呼んで神々や眷属が実際に存在するというようなことを聞かされました。Tさんは、ある宗教法人に属しており、

「この子を助けることはとても大事なことのように思える」

「夢で鬼が出てきて、この子を助けるなと言われた。大変な状態で放っておけない」

と言ったりしていました。

正直のところ、下の息子がお腹にいるときも、産まれてからも、わたしは死を意味するような恐ろしい夢を、毎晩見てうなされる日々が続いていました。主人も時々同じような夢を見るようで、どうしたのだろうと二人話して悩んでいました。

Tさんから、実際に神様や、竜やキツネやヘビなどの姿が見えるということも聞いて「おかしな人」と思いましたが、「いろいろとうちの家のことを心配はしてくれている」ということは分かるので、黙って聞いていました。

ところが、当時小学校一年生であった下の娘が、主人と一緒に粟嶋神社に参拝するうち、Tさんと同じように神様やキツネやヘビが神社で見えるようになってきたのです。

それから自分達を見て恐れていることを面白がって、毎晩のようにキツネやヘビが大勢でア

パートに悪戯《わるさ》をしに来るようになり、今度はそれで大騒ぎとなりました。

神社に参拝に行けば、からかって寄ってくる。車に乗って帰ろうとすれば、車に乗り込んでくる。

さらにはキツネが中心になって、夜になるとみんなで行列を組んで、わいわい歌ったり踊ったりしながらやってくるのです。そのまま部屋になだれ込んで、キツネは踊り、ヘビは巻きつき、娘の足の同じ場所を動き回りながら尻尾でつついてくるのです。女ギツネが人間の女に化けて小水をする。息子が突然泣き出したかと思えば、「今キツネが顔を近づけておどした」と、娘が言います。脅されて眠れないし、つつかれたところは疼《うず》いてくるし、涙を流しながら娘は訴えてきました。

それへの対抗手段として、戸口の左右に塩を置く、線香を焚く、祝詞を上げる、神社のお札を貼るなどやってみましたが、少しは恐れて離れる素振りは見せるものの、ほとんど効果がありません。

オオクニヌシの訪問

しかし、平成十五年の一月末に、粟嶋神社にいらした因幡の白ウサギを助けたり、国譲りをしたりしたことで有名なオオクニヌシの神が、神社参拝の後、突然わたしのアパートの部屋に来られました。下の娘にとっては、応神天皇の母で三韓征伐をした神功皇后《じんぐう》、オオクニヌシ神と一緒に国造りをしたことで有名なこびとの神スクナヒコナとともに、神社でいつも会っている神様なので、

「神様が来られたよ。うちに神様が来られたよ」と嬉しくて大はしゃぎになりました。いろいろと下の娘を通して話をして、毎日、キツネやヘビに悩んでいることについても知っておられて、「襖《ふすま》を開けて入ってくるでしょう」と話されました。

実際に、主人もわたしも体験していたことですが、いつも寝ている和室と廊下との間にある襖は、きちんと閉めておいても、夜中には開き、キツネ達が侵入してくることが続いていました。三次元的には開かないでしょうが、霊的には音を立ててすーっと開いていくのです。「また開いた」と思うと悪戯が始まるので、わたしは恐れていました。

「でも、オオクニヌシ様は偉い神様なのに、それに、キツネやヘビは自分の部下なのに、どうして叱って止めさせることができないのだろう」と不思議に思っていました。

神社は、粟嶋神社以外にもいろいろと廻っていました。ところがほとんどの神社で、眷属たちに参拝することを妨害されるのです。南部町の賀茂神社では、本殿の手前の石段いっぱいにキツネが並んで自分たちを睨《にら》みつけ、参拝させないようにしていたということで、主人と二人で参拝に行った下の娘が大あわてで車まで逃げ帰ってきたこともありました。

しかし、キツネやヘビについては、わたし達は今では何も恐れていません。対処法が分かったのです。その一つが、Tさんが「もしかしたら…」とピンときて、試すように言われた、「祝詞《のりと》を印刷して壁に貼り付ける」という方法です。主人がパソコンに打ち、壁にテープで貼り付けようとする間に、騒いでいたキツネやヘビは一目散に退散してしまったのです。

神功皇后やアマテラス様、長寿の神である武内宿禰《たけのうちのすくね》、宗像《むなかた》三女神など様々な神々が来られるようになり、「わたし達はどうしてこのように霊的な、しかもスピリチュアルな話の中でも、ふつうあり得ない特別なことが起こるのだろう」と不思議に思い始めました。

今までスピリチュアルな書物をたくさん読んできたのは主人だったこともあり、どうも、家族の中でも主人自身への神々の扱いが違うということに気付きました。

わたしに対しては公平に扱う神々でありながら、主人に対してはオオクニヌシなど、ほんのわずかの神々以外は、半分認めているようで、半分からかっているように感じるというのです。

「もしかして…」と思ったのが、「自分はアマテラスの弟にしてヤマタノオロチを退治した『スサノオ』の魂ではないか…」ということでした。

そうであるとすれば、オオクニヌシ様が最初に訪問してきたことも納得ができます。オオクニヌシ様は、スサノオの娘であるスセリ姫の婿、あるいは実の息子であるという説もあり、いずれにせよ親子の関係になるからです。自分の姉に当たるアマテラス様に、主人が恐る恐るそのことを尋ねると、

「よく分かりましたね。そうですよ」とのこと。

そうするとその妻であるわたしはイナタ姫、下の息子はオオクニヌシ。だから、オオクニヌシ様がまず訪問して来られたのです。霊眼が開けて神々とのやりとりができるようになってから、下の娘は自分や産まれて来た弟にはフクロウが肩に乗っていると言っていました。わたし

や主人や兄や姉にはフクロウはいないと言います。ということは、下の娘と下の息子は同じ霊体で、オオクニヌシということになります。フクロウがいるのは、ギリシャ神話のアテナ（ミネルバ）でありますので、アテナも女性ながらオオクニヌシの霊体ということが読み解けました。その後、上の息子はツクヨミ、上の娘はアメノウズメということも分かりました。

だけど、神霊体を持っているということ自体は、それほど驚くことではないのです。この本を「ふーん、そんなことあるんだ…」と思いながら興味を持って読んで下さっているとすれば、たぶんほとんどの方が神霊体を持っていらっしゃると思います。

話が少し外れましたが、主人は、

「世のために働きなさい」と自分や家族に大きな使命があることをアマテラス様だけでなく、武内様からも告げられました。

「とすると…」と主人にはある日突然、さらなる疑問が生まれました。

「スサノオならば、キツネやヘビに恐れて逃げ回っていること自体がおかしいではないか？」

ということです。なにしろ『古事記』の中では一番の荒神です。そこで主人は武内様に尋ねました。

「今からすぐに、ふざけ廻っているキツネやヘビを叱って来ようと思いますがいかがでしょう？」

「それは、よいですね。それこそスサノオの仕事です」

とすぐに返事が来たので、粟嶋神社に向かいました。わたしはその頃、霊眼が開け、神々や人霊、動物霊と話ができるようになっていました。

途中、見通しがいいのに交通事故が多い交差点で、人霊が数人いることが分かり、車を降りて話し、武内様に頼んで霊界に返しました。

その後神社に行くと、下の祠《ほこら》にいたキツネのボスの所に行って、キツネとヘビ全ての眷属を目の前に招集するように命じました。眷属がそろったところで自分がスサノオであることを告げ、今まで自分に無礼を働いてきたことを責め、以後悪戯を止めて、神々の手伝いの仕事をきちんとするように言いつけました。

キツネもヘビも整列していましたが、突然のことに仰天し、わたしの家に来て悪戯をしてきた連中は震え上がって、従うことを誓いました。

それから、米子駅前をまっすぐ、国道九号線を越えた所にある賀茂神社へ行きました。ここは今まで特に問題がなかったので、キツネのボスに聞くと、

「ええ、ここはみんな真面目に仕事をしています。今後ともよろしくお願いします」と答えました。組織によって雰囲気が違うのも人間と共通するところです。なるほど、同じ高校でも、名門校で礼儀をきちんとした高校もあれば、中退者続出で、先生が方々を駆け回って謝りに行かねばならない高校もあるのと同じなわけです。

次に宗像神社。ここも眷属が不良で、少し前に主人が参拝に一人で行って、手水舎《てみずしゃ》から中門にさしかかるまでに頭痛とめまいに襲われ、やむなく帰ったということがありました。その時のことを霊視して、大きなヘビが頭に巻きついて締めつけていたことが事前に分かっていました。

ここでも社殿の前の境内に、キツネのボスに命じて眷属全てを集めさせました。主人は下の息子を眠り駕籠に入れて両手で下げ、わたしはキツネとヘビの列の横に立って、話の通訳をしました。

初めは、

「わしの頭に巻きついて、参拝できないようにしたのは誰か？」とか、「人間をからかって楽しんでいるのは誰か？」というような質問に、手や尻尾を挙げて、「はーい…」などと不良少年がやるように怠けた調子で返事をしていたのですが、キツネのボスが「あなた様は、いったい、この神社に何をしにいらしたのでしょう？」と不思議そうに聞くので、それを主人に伝えました。それに対する主人の返事に情況は一変しました。

「自分の娘たちに会いに来て何が悪い」と主人は言ったのです。

宗像神社は、全国どこでもそうなのですが、宗像三女神が祭られた神社です。宗像三女神は『古事記』ではスサノオの娘です。そういうことが本当に通用するか、言ってみたらしいのですが、眷属たちはスサノオと三女神の親子関係を知っていて主人の正体が分かり、驚愕《きょうがく》してしまったのです。その後は、粟嶋神社と同じように、主人に完全に屈服して話はすぐに終わりました。

主人の頭に巻きついて参拝させなかった大ヘビは、

「申し訳ありませんでした。ふつうの方とは思えなかったので、来られたら何をされるか恐いので、やってしまいました」と素直に言うので、

「まあ、よいわ。今後気をつけろ」ということで終わりました。

こういうことがあり、主人も自分の力を自覚するようになり、全国の神社のキツネのボスを自宅に呼びつけて、訓戒を述べて、眷属から受ける混乱は終わりました。

今ではどこの神社に行っても、眷属は整列して迎えてくれます。だけど、裏でこそこそ悪いことをしている不良はいると思いますよ。人間の世界と同じですからね。怖がらなくてもいいのですが、神社にいるキツネやヘビは悪戯好きなのです。動物も、人間が怖がれば、調子に乗ってやってきます。霊体でも一緒です。

啓示の詩

平成十五年の早春、二月四日のこと、神々と対話できるようになっていた小学校一年の下の娘が、メモ用に置いていた紙に、何か書いていて、それを主人に見せました。主人に呼ばれた

ので、わたしも側によって見ましたが、そこには詩のようなものが書いてありました。題だけは詩らしく大きく書かれていますが、改行もなく、すべてひらがなです。娘は、これは神様からの歌だと言って歌い始めました。

かみがみたちよ
おおくにぬしたちよこのよをまもりさてついうみへあなたはそこへきいろいほしをあらたにひかすかみがみたちよ

主人　これは、いったい何かね？
下の娘　わからないけど、アマテラス様に書けって言われた…。
主人　「さてつ」って、「挫折」という意味かね？
下の娘　そうだって。

それなら、ということで、主人がまとめて次のようになりました。

神々たちよ

大国主たちよ
この世を守り
蹉跌《さてつ》い海へ
あなたはそこへ
黄色い星を
新たに引かす
神々たちよ

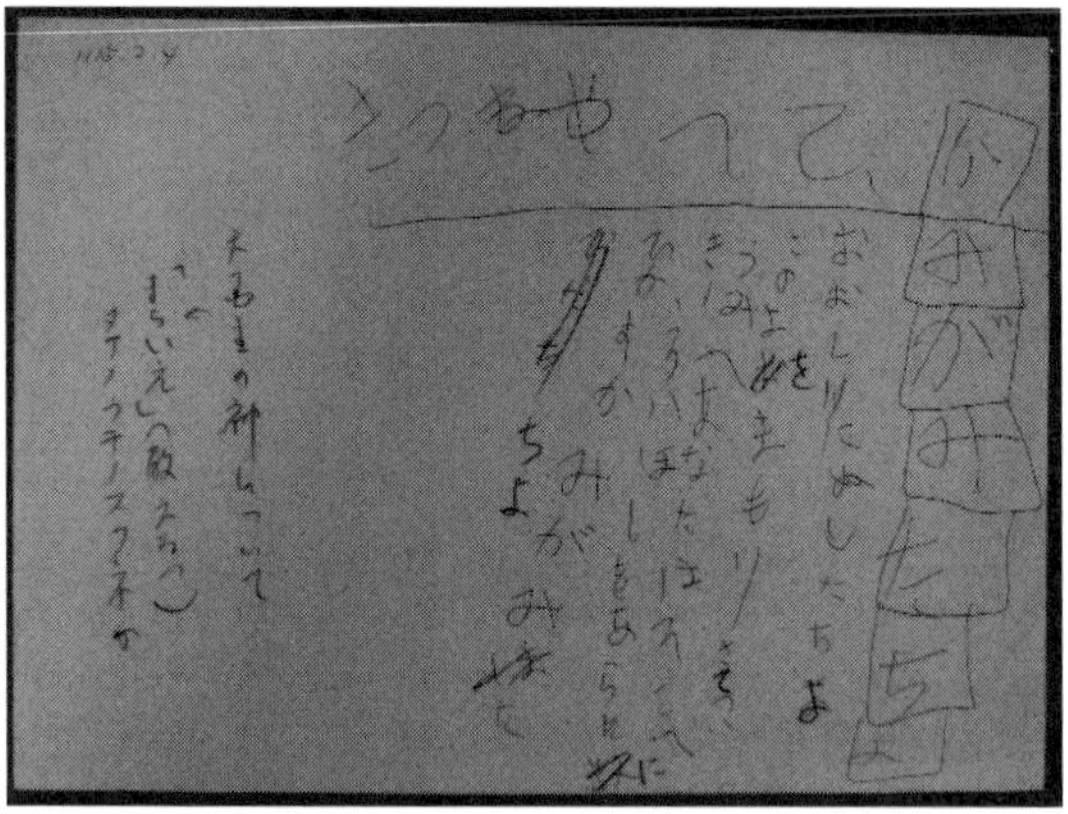

娘が「アマテラス様に書けって言われた」と答えたその詩を書いた紙。詩の他にも主人が書いたメモの跡がある。

主人は「…仏教では、人間界を苦しみの多い世界と考えて『苦海』と表現するけど、『蹉跌い海』とは今の世界で、混乱する人間界に、新しい法を説けということだね。それをうちが中心となってやれということだね。…とんだことになったけれど、神々のいいつけならば、やらなければならないな」とつぶやきました。

宗教や歴史や哲学に加え、スピリチュアル系の本をいろいろと読んでいた主人は、そういう現象が起こることには、まったく抵抗がないようでしたが、まさかわたし達にそのような使命が降りるとは思っていなかったので、愕然としていました。

この頃には、オオクニヌシが誰であるかは、だいたい分かり始めていました。

今、保存していたこの詩の書かれた紙を見ると、平成十五年二月四日と記してあります。今では、ずいぶん昔のことになりました。

下の娘の授かった神詞

神職の方を含め、最もよく唱えられているのが天津祝詞《あまつのりと》ですが、説明するには『古事記』や

『日本書紀』などの知識が少しは必要になります。

イザナギの神が、イザナミの神と共に様々な神を生み出した後、イザナミは最後に火の神であるカグツチを産み、大やけどを負って黄泉国《よみのくに》に旅立ってしまいます。愛する妻を諦めきれないイザナギは、イザナミを迎えに黄泉国に迎えに行き、まだ国造りが完成していないことを告げて、一緒に帰ることを勧めます。しかし「用意が出来るまで見てはいけない」という戒めを破って見た結果、恐ろしい姿に変貌した妻の姿に驚いて、大慌てで黄泉国から逃げ帰ります。『古事記』によると、その後、阿波岐原《あわぎがはら》で身を清めた際に、「神直毘《かんなおび》」「大直毘《おおなおび》」、「伊豆能売《いずのめ》」などの祓いの神々は産まれています。

ちなみに、イザナギが禊ぎをした最後、左の目を洗った際に産まれたのがアマテラス、右の目を洗った際に産まれたのがツクヨミ、鼻を洗った際に産まれたのがスサノオということになっています。

平成十五年一月十三日のことですが、下の娘が、わたしが神棚に祝詞を上げるのを聞いていて、自分にも印刷して欲しいと言うので、主人は次のように、現代仮名遣いでパソコンに入力し印刷して渡しました。下の娘は、その紙を見て数回祝詞を上げると、もう見なくても唱えられるようになりました。それは次のように表記してありました。

天津祝詞

たかまがはらにかむずまります、かむろぎかむろみのみこともちて。すめみおやかむいざなぎのおおかみ。つくしのひむかのたちばなのおどのあわぎがはらにみそぎはらいたまいし時にあれませるはらいどのおおかみたち。もろもろのまがごとつみけがれをはらいたまえきよめたまえともうすことのよしを。あまつかみくにつかみ、やおよろずのかみたちともにきこしめせとかしこみかしこみもうす。

それを主人は魔除けとして窓や壁に貼りつけていましたが、余分を何枚か作って置いてあったのです。

その頃神々に命ぜられて、オオクニヌシが遭難したと『古事記』にも記してある手間山の赤《あか》猪岩《いいわ》神社奥宮に登り、ヒモロギを作れということだったので、その神社の宮司に頼んで、一緒に登ることになっていました。

その当日、平成十五年二月十五日の朝、主人が迎えに来たTさんと一緒に出発しようとすると、下の娘が天津祝詞の文字に丸を付けて「神様にもって行けと言われている」と言って主人に渡しました。主人は冗談を言って自分をからかっていると思ったようで、「祝詞にわるさをして、だめじゃないか」と言って持って行こうとしません。

しかし、娘が拗《す》ねるとわたしが言うので、車の中に置いて仕事を終えるとそのまま持って帰ってきました。わたしが改めて見ると、それには次の部分に「〇」がついていました。

天津祝詞

たかまがはらにかむずまります、かむろぎかむろみのみこともちて。すめみおやかむいざなぎのおおかみ。つくしのひむかのたちばなのおどのあわぎがはらにみそぎはらいたまいし時にあれませるはらいどのおおかみたち。もろもろのまがごとつみけがれをはらいたまえきよめたまえともうすことのよしを。あまつかみくにつかみ、やおよろずのかみたちともにきこしめせとかしこみかしこみもうす。

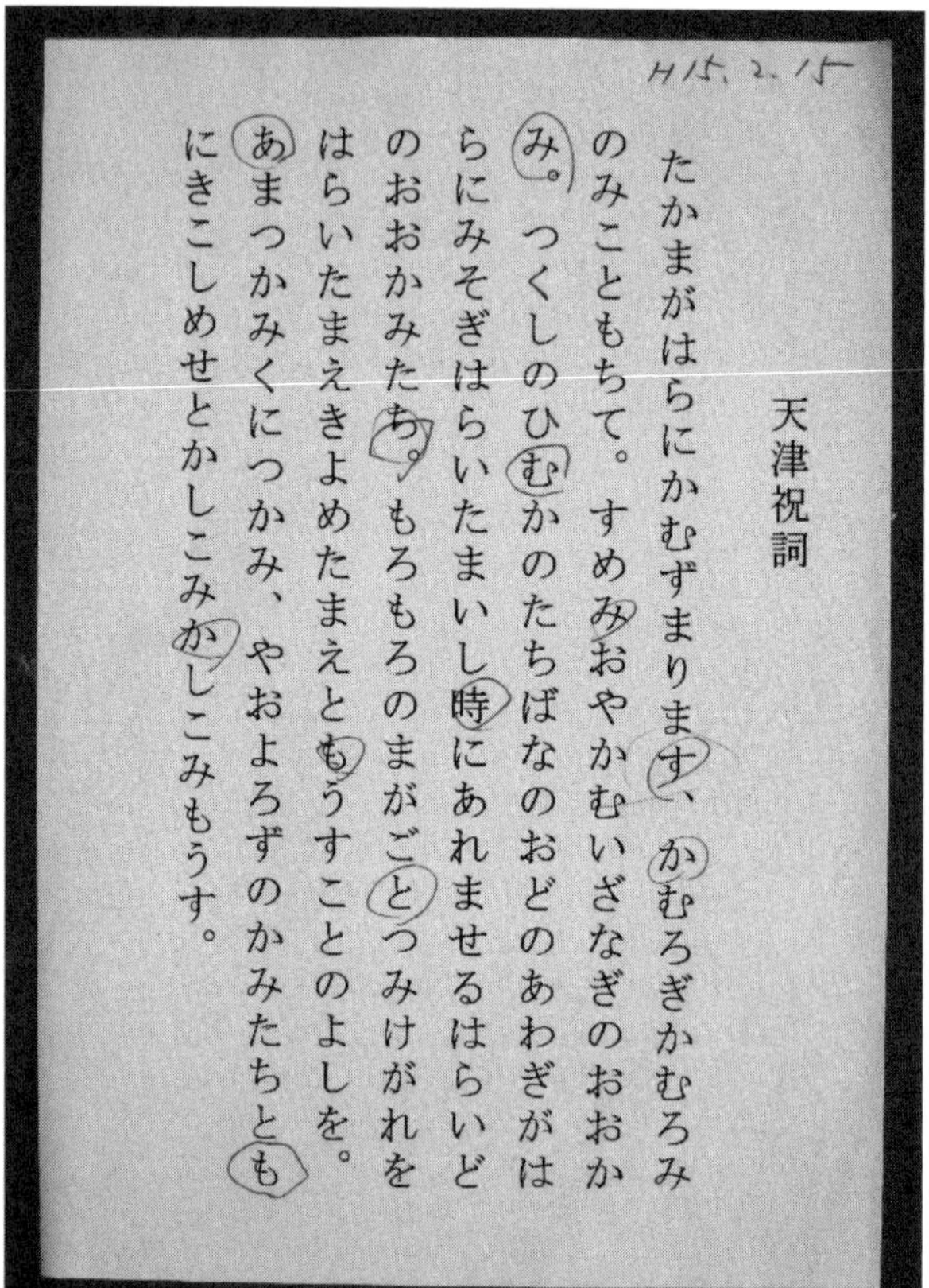

H15.2.15

天津祝詞

たかまがはらにかむずまります、かむろぎかむろみのみこともちて。すめみおやかむいざなぎのおおかみ。つくしのひむかのたちばなのおどのあわぎがはらにみそぎはらいたまいし時にあれませるはらいどのおおかみたち。もろもろのまがごとつみけがれをはらいたまえきよめたまえともうすことのよしを。あまつかみくにつかみ、やおよろずのかみたちともにきこしめせとかしこみかしこみもうす。

ヒモロギ作りに一緒に行ったT氏が、何か「〇」がついた文字に意味があるに違いないということで、帰ってから主人が確かめると、下の娘が何気に落書きしたように見えて、そこから重大なメッセージが浮かび上がってきました。そのままの順なら「すかみみむ時ちともあもか」であり、それが意味をなすように組み替えて、「あもとちかみかみもすむ時」になり、漢字交じりに直すと「母土地神々も住む時」となったのです。

また何日か経った平成十五年二月二十一日、主人がテーブルの上に、天津祝詞にまた青ペンで丸がついている紙を見つけました。下の娘に聞いても何も言いません。主人が見て文字を順に引き出すと、**「みかなのおみ時どたまえのとか」**となりました。意味が理解できなかったため、文字から濁点は取ったカードを作って、一枚ずつ並べるようにすると、すぐに下の娘が来て並べてしまいました。その順はこうでした。

「かみおまなみか時のとのとたえ」。最後の部分が「乙の跡絶え」であると思い、「時」は「と」と「き」に分けるのではないかと主人がわたしに聞くので、わたしはピンときて、そうだと答えました。「神を真（愛）甕と、」あるいは、「神を真帝」なのか分からないと聞くので、「神を真（愛）甕と、」であると答えました。また、「マナ」は「真」よりも、「愛」の方がピンとくると言いました。オオクニヌシの遭難の際に、その生命の再生のために母神たちが集われた赤猪岩神社にふさわしい言葉です。

最終的に出来上がったのが**「神を愛甕と、乙の跡絶え」**です。限られた字による表現でありながら、ほんとうに素晴らしい内容です。乙は年のことなのか、方位のことなのかと聞くので、方位であると答えました。とすれば、午前0時を甲として十干《じっかん》で割り、午前0時を北にとって時計回りにすると乙は鬼門に当たります。つまり、この文の意味を総合的にとらえるならば、「神々が真の甕《たしらか》を通してうしはきて、邪悪な者を封ぜられる」ということになります。武内様は、これで正解であるとされました。

これを、次の日、赤猪岩神社の元宮（奥宮）に埋めるように言われました。前回、持ち帰ってしまった神詞とともに、主人はTさんと一緒に埋めに上がりました。

その次の日の平成十五年三月二十二日、武内様、大国主神、アマテラス様、スクナヒコナの神、神功皇后がいらして、さらに少しして三十五神がいらっしゃいました。すると、下の娘を通して、天津祝詞に「〇」をつけたいので出してくれと武内様が言われました。下の娘が「〇」をつけたものを順にならべると、**「たすしちおごはくよ」**となりました。これをいつものように濁点のついた「ご」は「こ」に戻して、カードにして並べ替えると、すぐに意味が分かりました。**「こちたしよくおはす」**です。「頻繁によくいらっしゃる」とか、「いつもよくおられる」の意でしょう。これもまた、主人が清掃に行くことになっていた富益神社の元宮のヒモロギの下に埋めろという指示が出ました。意味もよく分かりますが、先の二枚のようには、あまり深遠な意味があるようには思えません。しかし、わたしが読み解くと、アマテラス様だけでなく、スサノオ様も富益に来るようになったということで、その意味は意外と深いのかも知れません。

いろいろな神社を清めて廻る都度、特にこの下の娘の神詞が出て来るあたりから、幼い頃よりその芽生えがあったわたしの霊的力が急激に開け、娘と同じように分かるようになってきていました。神々との取り次ぎができるようになってきたのです。

「Mちゃん（下の娘）はまだ小さいから、一人で取り次ぎをするのは負担が大きすぎるので、あなたにも同じような力を授けました」というのが、アマテラス様の説明でした。

下の娘がもらった如意宝珠

これは平成十五年二月二日のこと、「神々たちよ」の詩の二日前の話です。わたしたち夫婦は小学校一年生だった下の娘と下の息子を連れて、松江の東にある武内宿禰が祭ってある武内神社へ参拝に行きました。当時は、わたしの霊力も充分開花していませんでしたので、主人は、神社にいる神々や竜、キツネのことなどを娘に聞いていました。

それから、奥の神殿に歩いていこうとするのに、娘が何かを聞くようにして入り口の拝殿の方を見てじっとしているので、おかしいと思いながら何度も呼ぶと、ようやく吹っ切れたようにこちらに来ました。

ニコニコして「これを武内のおじいちゃんからもらった」と話しながら娘が掌を開くと、ピンポン玉程度の大きさの珠がなんとなく霊視できました。これはいったい何かと聞くと**「ニクニョイホウジュ」**だと言います。漢字で書くと**「肉如意宝珠」**なのでしょう。

これから、この珠をお守りにして、頑張るように言われたということです。そして、時々塩水で洗うようにということでした。

この珠は現在、わたし達稲田家の神棚にあって、家族の誰かが調子が悪かったり、危険を感じるようなときは持っていきます。ピンポン玉程度であったこの珠は、現在（平成三十年）ソフトボールの軟球程度にまで大きくなっています。

この珠は袋に入れていて、袋を誤って逆さにするようなことがあっても、落ちてしまうことはありません。子どもたちが調子が悪いときに握らせると、病気が治り、生き物のように自然に神棚に帰っていくのです。

下の娘M、2001年12月31日曾祖父の家の庭で。このちょうど一年後に霊力が開花することになった。

第二章　神々と眷属たち

神社は霊界とこの世を介在する聖地

ひとことで言えば、神社はこの世とあの世を介在する場所、そして神々の居られる場所です。そこには、この三次元世界とは異質な空間が拡がっています。神々は基本的にギリシャ神話のオリンポスに当たる高天原《たかまがはら》の住民ですが、神々がその神社にいらっしゃるということがすなわち、高天原のある空間を占めているということを意味するのです。三次元的に見れば不可思議なことですが、次元が違うということで理解してください。霊的な存在にとっては、九州の太宰府の天満宮の本殿から、そこの前で参拝している人までの距離と、東京の明治神宮で参拝している人までの距離とは変わらないし、これが月や火星にまで延びても変わらないのです。

神社の上空でＵＦＯが目撃されたりすることもあり、神道とＵＦＯは関係があるように言われたりもします。奇異な感を持たれる方も多いと思うのですが、これはＵＦＯが次元の異なる空間をすり抜けて移動する乗り物だからです。神社周辺は異次元に繋がりやすい相を示しているので、ＵＦＯに乗っている異星人が隠そうとしても、目に付きやすくなるのです。

ところで、神社には神々がおられるとしても、祭神とされている方と実際にその神社にいらっしゃる霊体とは同じなのでしょうか。

たとえば、応神天皇を祭る八幡神社は、ある程度の大きさの街をいくつか廻ると、必ずと言っていいほど存在します。正確にはわかりませんが、全国では一万ぐらいの八幡神社が存在すると言われています。また、菅原道真が祭ってある天満宮も、同じように全国ではかなりの数になります。

それでは、かつて肉体を持たれた応神天皇や菅原道真の霊体がそれだけいらっしゃるかというと、そうではないのです。八幡神社に祭られている応神天皇の霊体も菅原道真の霊体も「アメノワカヒコ」の分霊です。アメノワカヒコまで遡ると、それだけの神社に対応できるのです。

日光東照宮は、徳川家康が祭ってあり、東照宮関係の神社も全国的に見れば少なくありません。徳川家康は、オオクニヌシが元の神霊体です。このため、家康を拝んでいるということがすなわち、オオクニヌシを拝んでいるということになるのです。ですから、日光東照宮のことをわたしの家では、東の出雲大社と言っています。

そのようなことで、それぞれ縁《ゆかり》の神社に応神天皇、菅原道真、徳川家康がいらっしゃると言ってもあながち間違いではないことが説明の難しいところです。

神社の情況

神社に行くとたいがいの所は、キツネやヘビがいます。特に多いのが田舎の神社です。小さな神社でも、キツネとヘビがそれぞれ数百匹もいる所があります。これは、肉体を持っているキツネとヘビのことではなく、霊体のことです。彼らは神々の眷属（家来）で、神々と神社を守るために配属されています。

竜がいる所もあります。大きな鎮守の森を持つような気のいい神社にはよくいますし、たいがい夫婦で大樹に巻きついています。

わたし達が神社に参拝すると、参道にキツネとヘビが左右に並んで迎えてくれます。社に向かって石段を登るとき、どこの神社でもキツネは左に、ヘビは右に整列しています。主人は眷属のボス（この場合、キツネのボスのことで、竜は別格）や竜と話をしたり、本殿では神々と話をしたりしています。悪竜や悪霊が占拠して、神々を追い出していることもたまにありますので、主人は彼らを罰して神々に神社に帰ってもらいます。

話は変わりますが、賽銭泥棒をしたり、神社に落書きをしたり、神木を勝手に切ったりしたらどうなるか分かりますか？　結論を言うと、眷属を怒らせることになります。煙草も霊的な磁場を乱すのでいけません。その人の霊的レベルによりますが、身の安全は保証できません。

神社によっては、善竜であっても幅をきかし、神社の回り方、掃除の仕方など、規則を設けて、それに反した場合は、容赦なく罰すると息巻いているものがおります。竜はプライドが高いものが多いのです。普通の方は、それに逆らうことは禁物で、神社を汚した者を罰するという大義名分があれば、さらに危険です。

竜でもキツネでもヘビでも、善と悪とその中間のようなものがいるのは人間と同様です。神々も、手をこまねいて困っているようなところが多くありました。主人は、自分の使命を悟った最初のころ、神社に行ってはキツネのボスを呼びつけて、眷属を集めさせては叱りつけていました。

神社のはじまり

日本における神社の始まりは、今から約三千年前にさかのぼります。その成立はスサノオとイナタ姫が関係しています。スサノオは今から約三千年前に出雲でその地の名家に産まれました。場所は『古事記』の記述とは違って、現在の安来の地でした。霊能力を持っていた彼は、出雲の地の奥から助けを求める声を感じて、川をさかのぼっていきました。

これが、スサノオとイナタ姫とその両親との出会いです。ヤマタノオロチとは、肉体的には十メートルぐらいの大蛇で、大きな胴から首が八つに分かれていました。悪竜の霊体が八匹入っていたため、ヘビがそのような姿で巨大化したのです。

大蛇退治の後、二人は結ばれて新居を構えます。これが現在「日本初之宮」と呼ばれる雲南市大東町の須賀神社(須我神社)です。それほど大きな神社ではありませんが、霊眼で見ると、その当時も今の社と同じ程度の大きさの住居が建っていることが分かります。

スサノオとイナタ姫は、多くの人々に慕われ、出雲の地にとどまらず、全国から招かれて住居を転々とします。人々は、尊敬するスサノオの住居を自分らの住居よりも高い所に建てて、そこに食料や衣類などを毎日運んでもてなします。そのスサノオの住居跡地は、彼が去った後も、村人にとっては神聖な場として扱われ、その場が社《やしろ》へと変わっていきました。これが、神社の発生であり、須賀神社が日本初之宮といわれることは霊的に見ても正しいのです。

神社に参る意味

神社は霊的な磁場になっていて、神々を初め多くの霊体がおります。

神社に参る意味は、わたし達に言わせると、神々の協力を得て霊肉一体となった生活をすることであり、神々からすれば、人々の信仰の力を受けて、その地域や人々を守るということです。

主人にとって、神社はもっと深い意味があります。この世を霊的に治める拠点なのです。神社の力が弱かったり、特に全国の主要な神社や地域の神社が悪竜に占拠されていたりすると、主人の心身に悪い影響が出ます。逆に、全国や地域の主要な神社を清めていけば体が楽になります。

現在、神社は、人々に安寧を与える場であると同時に、善と悪の激しい攻防の場になっているということを知ってもらわねばなりません。神社ほどではなくとも、仏閣もそうであり、霊山になると神社よりもさらに大きな意味が加わることになります。

神々の力を強化して、今まで悪の栄えた人類の歴史を、神々の主体になる善なる歴史へと展開させることが、読者の皆さんも含めて現在のわたし達に課せられた大きな使命でもあるのです。

神社でやってはいけないこと

神社という所について説明してきましたが、繰り返し言いますと、霊的な磁場になっている異次元の世界に通ずる場所であり、神々のいらっしゃる神聖な場所なのです。ですから、ふつうの場所と同じように考えて振舞ってはいけません。

参拝の時には「二礼・二拍手・一礼」が原則です。出雲大社では「二礼・四拍手・一礼」ということになっていますが、「そうしないと罰が当たるんじゃないか」と考える必要はありません。

出雲大社に祭られているオオクニヌシに聞くと、

「いえいえ、どちらでもかまいません。お好きになさってください」とおっしゃいます。

つまり、心の問題です。いくら形式が立派でも、心が真っ黒だったら、悪いことをしていることになります。ただ、わたしがここに書いたので、出雲大社の参拝の仕方をわざとしないというのもおかしなこだわりですし、周りの方々も「この人は出雲大社の参拝の仕方を知らないのだ」と思ってしまいますので、「二礼・四拍手・一礼」をした方がいいと思います。

それでは、してはいけないことは次のようなものがあります。

① タバコを境内で、しかも歩きながら吸う。

② 動物をむやみに連れてきて遊ばせる。

③ 神社にゴミを落とす。

④ 神社の植物を勝手に取る。

⑤ 境内で唾を吐いたり、小水をしたりする。

⑥　賽銭泥棒をしたり、鳥居や神殿に落書きをしたりする。

動物を遊ばせることは、特に犬が多いのですが、神社によっては、それだけで罰せられます。神社を守っている眷族の竜やキツネやヘビが怒って動き始めます。神々の中では、スサノオが特に腹を立てています。犬は小水をしがちです。

「わしの神社に、何をするんかい！」ということになります。

ただ最近は、子どもができない夫婦がペットを自分の子どものように考えておられることもあり、そういう場合はどうするか、神社ごと、あるいは神々、眷属の中で話し合われているようです。しかし、基本的にはいけないことを知っていただきたいと思います。

主人が風邪を引いて頭痛がするのに、雪の中、出雲地方の山奥の神社にわたし達を連れてあちこち参って清めていたことがあります。

幼い下の息子といっしょに車で待っていると、石段を降りてきて、

「今、苦しくて、咳をして、痰を吐き出したら、キツネに当たった。怒らせたかな？」

と言ったことがあります。

「いえいえ、おかまいなく、気にしません」と、そのキツネが返事をしましたので、

「いや悪かったね」と主人も謝りました。

その後、そのキツネの心を読み解いてみると、

「自分にわざわざ謝ってくださった」ということで、大変名誉に思ったらしいのです。

しかし、ふつうの場合、そういうことにはなりません。もし、そういうことを弾《はず》みでしたら、謝らなければなりません。

わたし達は山奥まで、どこまででも分け入って清めるので、主人は我慢できずに、小水を境内でもすることがあります。オオゲツヒメの祭ってある神社の境内の裏で用をたして、

「いや、オオゲツヒメ、失礼したな」と言ったら、

「スサノオ様、見ちゃいましたよ」と笑われたことがあります。

ただし、神社にある大杉には竜が巻きついている事があり、この木に小水したら、どうなるでしょう。竜が必ず怒ります。その結果、どうなるかは保証できません。

主人が、田舎の民家に囲まれた鳥取県中部の神社で、

「おい、竜、お前の木に小水するぞ！」

などと言って用を足したことがありましたが、その後頭痛がして、ふざけが入っていたことを竜に謝っていました。ですから、ふつうの人がした場合、大変危ないことだということは確かです。ちょっと恥ずかしい話になりましたが、主人が書けというので、わりとそのまま書きました。

※この記事については、特に最後の竜木に小水をした記述を読むだけで、めまいがしていけないと、しばらく主人は言っていました。主人の言い訳ですが、この時は、この神社に行ったとたん、この神社にいる竜が喜んで、突然大雨を降らせたため、その杉の大木の下で雨宿りするしかなく、身体も冷え、その場で我慢できなくなったそうです。

祝詞やお経を上げること

祝詞やお経は、誰でもいつでも上げていいものではありません。それらはとてもいいことが書いてありますが、それだけに、誰でも好きなように上げてはいけないのです。

矛盾しているようですが、なぜだと思われますか？

わたしは、仏教のことは『般若心経』程度しか知りませんが、これに書いてあるのは、三次元の世界と霊的な世界は重なっており、わたし達は霊的な世界の住人でもあるということです。そしてこの世には限りがありますが、霊的な世界は不滅であるため、わたし達は霊界の法則に則った生活をしなければならない…ということです。他のお経も、基本はそういうことが書いてあります。祝詞はさらに、自分のことよりも、神々の力を借りて、霊的なパワーでその場を清めるということを宣言しています。

それでは、なぜそれを唱えてはいけない人がいるかというと、「分不相応」ということがあるのです。

それは心の問題です。つまり、霊的な世界を信じないで、この世の欲望に浸り、自分さえよければ人はどうなってもいいと思っている人間は、尊い祝詞やお経を上げることは「無礼」であるということです。

その資格がないにも関わらず、それを上げることによって、

「自分は信心深く人に見えるし、これで、死後はいい所に行けるだろう」

と思って唱える人がいるとすれば、違うということです。そういう人は人の前で好き勝手や

って死ぬほうがまだ救われます。なぜかと言うと、「偽善」ということを神々はとても嫌われるからです。

「自分は、ろくでもないものだ」と酒を飲んで人にからんでいる人間と、表面上は紳士を気取りながら、裏では人の弱みにつけこんで、見えないところで悪事を為そうとしている人間と、どちらが悪いと思いますか？　前者も、もちろんいけませんが、人に自分が悪いということをアピールしている点で正直なのです。

霊的な世界を信じ、霊肉一致の生活をするようなジェスチャーをしながら、その実、神や仏を利用して、裏で悪事をしていることになるからです。それよりも、何もせず寝ている方が、神々を利用したりだましたりしないという点でずっとマシなのです。もちろん、宗教団体の指導者が裏表があるようなことをやれば、さらに罪は深くなります。

これは、わたし達家族でも言えることです。ここ十数年、主人や家族や会員と多くの神社を廻りました。神社を清めるためです。しかし、主人は短気なので、わたしが言った何気ないことに、ずいぶんと腹を立てることがありました。そうすると、神社は清まらないのです。霊的空間が広がるどころか狭くなり、「こんなことなら、参拝を止めなさい」とアマテラス様に叱られることがよくありました。

神社の祭神について

神社にはいつも神々がいらっしゃいます。これが基本ですが、実は神々がいらっしゃらない神社もたくさんあります。いらっしゃらない場合も、数社から数十社を掛け持ちにして、参拝者が手を合わせた時に神様がいらっしゃる場合と、全くいつまでたっても留守で神様が誰も来られない神社とがあります。

神社に祭られている神を「祭神」と呼んでいます。出雲大社の主祭神はオオクニヌシですが、少ないときでも十神ばかりいらっしゃいます。このくらいの日本最大級の神社になりますと、数百神いらっしゃるということも、少なくはありません。

高天原の神々は、ふつう夫婦でいらっしゃいますから、スサノオが祭られて、実際におられるとすれば、イナタ姫も一緒にいらっしゃるのです。アメノワカヒコが祭られておられるとすれば、シタテル姫もいらっしゃるのです。しかし、アマテラス様ということになると、ひとりでいらっしゃることが多いです。イナタ姫はアマテラスの和魂《にぎみたま》で分霊ですが、アマテラス様御自身とは異なる扱いになります。

少し大きな神社になると、境内の入口付近に神社の由来や祭神を説明している板がある所がほとんどですが、実際に誰がいらっしゃるかということは、食い違っている場合も少なくありません。たくさんの方が祭神として書いてあっても、そのうちの一神か二神しかいらっしゃらない場合も多くあります。祭神と実際にいらっしゃる神々が異なるケースは、古い神社ほど多くなります。

また、神社は本社の他に摂社や末社が境内にあることがよくあります。そこには、祭神にゆかりの神々が祭ってあるのです。出雲大社ぐらいになると、摂社や末社でもいらっしゃることも多いのですが、村社程度になると、なかなかいらっしゃいません。

主人が本社を拝んだ後に、摂社・末社で手を合わせると、本社におられる祭神があわててそこに入られる姿が見えることが多いです。誰もいないと失礼に当たると思われるからでしょう。しかし、ふつうの場合はそうはなりません。

要は、誰が祈るかということなのです。よこしまな心で手を合わせれば、それまで神々が社殿にいらしても、そのときはどこかに行ってしまわれます。主人が祈れば、道端の小さな祠でも、そのあたりの神社から神々がいらっしゃいます。祠を見ると、キツネやヘビ、または帰りたくない人霊がいることがふつうです。

こういうことを言うと差し障りがあるかも知れませんが、皆さんは、見知らぬ人に意味もなく手を合わせないでしょう。近所でふらふらしている犬や猫に会っても手を合わせないでしょう。草むらでヘビに出会って「有り難い」と思って手を合わせたりしないでしょう。

手を合わせたらどうなるか、分かりますか？　そこにいる迷った人が、あなたのことを頼りにしてついてくるかも知れません。動物であれば、あなたのことが気に入って、ご馳走してもらえると思って家についてくるかも知れません。祠で手を合わせるということは、そういうことになるのです。祠に悪戯をしたり、うっかり小水をしたりすれば、罰が当たるかもしれません。キツネやヘビが自分らの居場所を汚されたと思って怒るからです。

主人の場合は、清めの意味があるので、祠の前でも立ち止まって手を合わせることも多いのですが、ふつう霊的に見ると以上のようなことになります。

神社に参拝される時に参考になればと思って書きました。

安倍晴明と大阪市の安倍晴明神社のこと

安倍晴明と大阪市の安倍晴明神社のことについて話しましょう。もう十年も前のことになりますが、わたしが朝の身支度をしていると、「祭神が入っていないようだ」と大阪市阿倍野区の安倍晴明神社のことで、早く様子を見るように主人がうるさく言ってきました。なんでも、清めの仕事を協力して下さっている大阪のMさんが、家族で安倍晴明神社を参拝されたということを受けて、

「神社がどう変わったか、見てみろ」というのです。

言われた通り霊視してみると、どなたもいらっしゃいません。「そんなはずはない」と不思議に思って、主人は安倍晴明を呼び出して聞き始め、わたしは忙しいので、身支度をしながら口だけを貸しました。そのやりとりは次のようなものでした。

「この神社のあたりが、あなたの出生地であるとされているらしいが、そうなのですね?」

「いいえ、違います」

「それでも祭られておいでなのですから、入られてはどうですか？」

「いいえ、入ることはできません」

「どうしてなのか、理由をお聞かせ願いたい」

「それについては、お答えできません」

　そこまで聞くと、そのことをメールでＭさんに伝えながら、

「いったい、これはどういうことだ？」

と不思議がっていました。悪竜や悪霊がいないし、主人が頼んでも祭神が入らないということは、まずないからです。しかも写真で見ると〝気〟も悪くなく、小さいながらも割としっかりした社殿です。少しの間、どういうことか、主人も全く分からなかったようですが、すぐにぴんと来たようです。つまり、こういうことです。

　ここは、陰陽師であった安倍家の誰かの出生地なのです。その人の名前は、今のところ分かりませんが、晴明と同様に力のある陰陽師だったのでしょう。それが力のあった安倍姓の陰陽師だということで、時代を経て晴明の出生地だということになり、安倍晴明神社ということにすりかわってしまったのです。

ですから、晴明としては、もともと自分の神社ではないから、遠慮して入らない。その陰陽師の方も、もともと自分が祭られていても、今では晴明の名がはっきりと付けられているから、やっぱり遠慮して入らないという状態になり、そういうことで主人が聞いても理由については答えられないのです。陰陽師はもともと『古事記』の中では祓いの神で、その系統は数名の神から出ています。二人が同系統ならばまだよかったのですが、霊的には違うらしいのです。

夕刻、わたしが帰宅すると、主人はその解決策を用意していました。

「いいか、二人にはこの神社に一緒に入ってもらう。そして、そのことは、みんなに伝えるようにする。それでいいな」

とわたしを通して尋ねました。その結果、ようやく納得されて、この二名の方が入られたのです。めでたし、めでたしですね。

ここにこの出来事を書いた理由は、約束どおり、そのことを皆さんに伝えなくてはならないからです。晴明でないもう一人のお方の名前も、たぶん調べれば分かるでしょう。皆さんは今後そう思って、大阪市の安倍晴明神社には参拝してくださいね。

竜について

今まで竜についてはいろいろと経験してきましたが、興味がある方も多いようです。

初め、主人もわたしも世間で言っているように、竜のことを「竜神」と言っていたことがありました。なるほど、竜の中には立派なものもいますが、竜は神々の眷属です。神々は霊層の高い人霊（正確には宇宙人）ですから、結局竜はわたし達の眷属でもあるわけです。

しかし、大本教の聖氏出口王仁三郎も言っているように、人間が堕落してしまったため、平均的に人間は霊的には善竜の下になってしまったのです。ですから、竜のことを「竜神」というのは、あまり感心しません。特に高天原の神々に連なる方は、「竜神」と呼ぶべきではなく、「竜」でいいのです。

主人は、神社に行っても、竜が巻きついている杉の木に向かって手を合わせるようなことはしません。うっかり手を合わせると、竜は驚いて逃げてしまいます。

「手を合わせて頂くなど、恐れ多くて、その場にいられない」ということらしいのです。

主人も、そういう時は、

「悪い悪い、驚かせたな。帰ってきて、神社を守ってくれよ」

と優しく声をかけて、呼び戻すのです。

最近は、主人が神社に近づいただけで、竜は慌てて逃げてしまいます。

「木の上から見おろすような無礼をしたら、どんな罰を受けるかわからない」

と恐れてもいるようなのです。

そのことが初めは分からなくて、主人が神社に行った時に、

「確かにさっきまで杉の木の上の方に竜がいた気配があるのに、どこにもいない」

と言って電話をしてきました。

でも今はそのことが分かったので、

「そのまま、木にからまって僕のことを見おろしても、罰をしないから逃げなくてよろしい。

自分の持ち場にいなさい」

と主人は優しく諭しています。

八大竜王のことから

引き続き竜について書きます。竜はずっと想像上の動物だと思っていたのですが、突然見えるようになり、実際にいることが分かったのは、平成十四年末から十五年初めにかけて霊的に家族が目覚めるとすぐでした。それ以降に、多くの方が竜の実在を信じておられることを知って、むしろ驚いています。

ですから、わたしは書物で得た知識ではなく、実際に見たことと、神々や竜たちと直接話して分かったことをそのまま書いています。

八大竜王とよく聞きますが、本当のことを言うと竜のことではありません。「八」という数字は、古代の日本において「たくさん」の意味があります。八大竜王の竜とは実は地竜のことで、八大竜ということになると、世界を意味しています。その王である、つまり「世界を統べる王である」という意味が「八大竜王」であり、これはスサノオのことなのです。

ですから、竜は象徴的に何かの比喩として語られることも多く、竜と聞いても、いったいどういうことなのか考えなくてはいけませんし、解釈を難しくしているのは、こういうこともあるのです。

八大竜王がスサノオでありながら、竜自体だと思われている理由に、スサノオが実際に竜を八匹従えているということがあります。偶然かも知れませんが、現在、主人もちょうど八匹の竜を護衛として抱えています。例えば神社などの聖域が侵される危険があったり、自分が住む地域に天変地異が起こったりするような時、本気になれば、竜はかなりの力を発揮するからです。

同じ神々の眷属でも、キツネが小回りのきく犬だとすれば、竜はライオンや象などの猛獣だと言っていいでしょう。そのため、ふつうの人間が竜を従えることは危険ですから、お勧めしません。油断すれば、自分が殺されてしまうからです。

安倍晴明が式神《しきがみ》を自由に操って、陰陽師としての力を発揮したと言われています。実際にそうだったのですが、この式神とは竜のことです。彼の竜は悪竜が数匹寄ってきても跳ね返すくらい力が強かったため、晴明は竜を使って大きな仕事をして、現在まで名を残すことになったのです。

竜は肉体としてかつて恐竜として最も栄えました。恐竜が存在したから、竜の霊体ができたのではなく、竜の霊体がもともと存在したから、恐竜なるものが現れたと言えるでしょう。恐竜も肉食・草食、大型・小型といろいろあるように、竜もいろいろいます。

かくいうわたしも、息子たちや娘たちにも、竜の警護がついています。これも、主人がそうするように竜に命じているからできるのです。わたしも竜に直接命じることができるようなのですが、怖いのであまりしないようにしています。

御神籤の引き方とその意味

初詣は多くの方がされたことがあり、またほとんどの方が、そこで御神籤《おみくじ》を引かれたことと思います。

さて、この御神籤は単なる遊技なのでしょうか？　わたしの家族では少なくとも違います。というのは、霊的現象が現れ始めてから、ほとんどもっともな内容の御神籤を引かせていただいているからです。

平成十八年元旦は、奥出雲のスサノオ、イナタ姫ゆかりの須賀神社に主人と下の息子と三人で初詣をしました。そして、三日に同じ三人でオオクニヌシゆかりの米子の大神山神社の下宮に詣でました。どちらも下の息子が代表で御神籤を引いたのですが、驚いたのが全く同じ番号で全く同じ内容でした。その内容は、わたしやアマテラス様や、霊的にはわたし達の娘に当たる宗像三女神が、常々主人に注意している内容そのものなのです。主人が渋い顔をしているので、

「それ見なさい。こんなのを引かされたでしょう」

とわたし達がそろってからかったため、

「また、神々が寄ってたかって、嫌がらせでこんなのを引かせているんだろう！」

と怒るのですが、何度も何度も言ってやりました。

「ざまー見なさい！　って感じ～」

その後、米子の粟嶋神社へ行きました。下の息子が寝ているので、今度は主人が一人で参拝し、また御神籤を引いたらしいので、

「見せて！」と言ったら隠したのです。

嫌がるのをまた取り上げて見てみたら、今度は全く同じでなかったのですが、もっと辛辣に

主人への注意事項が書いてありました。これで、またアマテラス様や三女神たちと大笑いでした。

ちなみに主人の引いた御神籤にはどれにも「色事には気をつけなさい」という意味のことが書いてありました。

わたし達は、だいたいこういう感じで御神籤を楽しんでもいます。

「誰にでも当てはまるようなことが書いてあるんだろう」

という人がいますが、そういうことを言う人にはそういうふうにしか引かせてもらえません。

神々との交信ができるようになる一年弱前から、「御神籤は引くのではなく、引かされるのだ」ということが主人にもよく分かってきたようです。

いろいろな引き方があるでしょう。どっちにしようか迷って重なっている下の方を引いたり、次に上の方を引いたり、目をつむって引いたり、でも結局それを引いたということには何らかの必然性があるというわけです。

以前、主人はオオクニヌシの力の復興のため、日光の東照宮に参拝して清めましたが、そこで引いた御神籤が「凶」でした。

主人が電話をしてきて、

「悪竜のやつ、こんなのを引かせた！　ちょっと調べてくれ！」

と言うので見てみると、やはり悪竜が二匹関与していたことが分かり、すぐに退治しました。

そばにいた神主さんは気の毒がっていたそうですが、この時主人は、

「よほど、僕に来て欲しくなかったのだろう」

と逆に、参拝した意義を深く感じて大変満足していました。もう一度引くように三女神に言われて、今度は妥当なものを引かせていただいたようです。

気の悪い神社に行かれて、悪霊たちに悪い御神籤を引かされるということはあるでしょうが、どこの神社でも、神々に引かせていただくという謙虚な気持ちで御神籤を手に取ったらいいですね。ただ、皆さんの思っている吉凶と、神々の思われる吉凶とは違うこともありますので、「この世的には大成功、しかし神々から見たら大失敗」ということも、またその逆なこともあるので、冷静に私心を祓って御神籤の内容を考えるべきです。

御神籤は神々の御存在から出たお言葉なので、表だけでなくむしろ裏をよく読み、自分のあり方を照らしてお考えになることが大事と思われます。

パチンコと神様と娘とキツネさん

おかしなタイトルですが、読んでいただくと分かります。主人は、昔はよくパチンコをやっていたようですが、楽しんだりお金を儲けたりするというより、やけになった時に、わざとお金を捨てるためにやっていたそうです。嫌なことがあっても、無駄にお金をすってしまった悔しさに、少しは軽減されるということだったのです。

ある夏の夕刻、主人とわたしと下の息子と娘達二人が一緒に車に乗っているときに、パチンコの話になりました。上の娘の霊能力の特徴として、わたし達より、予知能力に優れたところがあり、友だちからも「いろんなものをよく当てるね」とびっくりされているそうです。

焼肉を食べに行きたいと上の娘が言うので、この時主人が、

「それなら、これからパチンコに行くから、当たる台を教えろよ」

というと、上の娘は、

「まかせてちょうだい」

と主人と下の娘は一緒に、通りすがりのパチンコ屋さんに入っていきました。娘たちは小学生だから、何か言われはしないかと思ったのですが、十分ほどしたら、五千円ばかり稼いで無事に帰ってきました。

上の娘の指さした台でやったら、すぐに当たったそうです。主人は喜んで、みんなで焼肉屋に行きました。

しかし、です。一番焼肉を食べたがっていた上の娘は、苦しくなって焼肉屋で横になり、食べるどころか起き上がることもできなくなったのです。

主人はその理由がすぐに分かって、アマテラス様に、

「遊びじゃあないですか、そこまですることはないでしょう」

と言うのですが、アマテラス様は知らん顔しておられました。

しかし、理由は歴然としています。

「低俗なことに、霊能力を使うな！」ということなのです。

霊能力をお金儲けに使うということは、危険なことなので力ずくで止めさせられるのです。

それ以後、懲りたのかパチンコ屋に行こうと主人が誘っても、上の娘は絶対に誘いに乗りま

せん。主人もそれからは行かなくなりました。

　パチンコ屋にはキツネがいます。名付けるとすれば「遊びギツネ」です。このキツネは、パチンコが好きな人に取り憑《つ》いて、

「金を使え！　さあ、もっと使え！」とそそのかして、楽しんでいるのです。

　さすがに主人には憑きません。主人が店に入ったりすると、

「あら、スサノオ様、いらっしゃいませ」と挨拶するでしょうが、逃げてしまいます。

　遊びギツネは歓楽街にも多くいて、色ヘビさんと一緒にエッチ系のお店にも関わっています。だけど主人には近づきません。

　主人は宝くじにも否定的で、わたしが、

「一億円当たったら、今の仕事を止めてもいいよ」と言っても、

「それは、絶対にだめだ」と言います。

　自ら労して生きるという、天の法則に反しているからです。高天原がそんなことをゆるすはずがありません。

　それはそうでしょうが、上の娘の力で、「そうなるといいな」と思う弱いわたしなのです。

キツネの嫁入り

黒澤明の晩年の映画作品に『夢』というのがあって観ましたが、霊界と交錯するとても幻想的な作品に仕上がっています。観たときにはそれほど思いませんでしたが、霊的な現象が起こってから考えると、黒澤氏は、死期が近くなって実際に霊界と交信しておられたのではないかと思ってしまいます。

『夢』はオムニバス形式で、そのなかにいろいろな作品が収まっているのですが、その中に「日照り雨」というのがあります。

学童期の少年が、「今日は、キツネの嫁入りがあるから、外に出てはいけません。キツネは嫁入りを人間に見られるのを嫌がるから」と母親から忠告を受けます。しかし、怖いもの見たさに出かけてしまい、天気はそれほど悪くないのに、ぱらぱらと雨が降る中、実際に森の道でキツネの行列を見てしまうのです。

以前、空が明るいのに雨が降り始めたので、キツネの嫁入りがあると思ったのか、「行ってみたい」と主人が言ったことがありました。どこであるか探って確かめてみると、県西部の名和神社であるということでした。主人は行きたがるのですが、

「あなたが行ったりしたら、そこの神社のキツネたちは大喜びでしょうが、ほかの神社のキツネたちは不満でしょう」

と言って止めさせました。

読み解いたり、キツネに聞いたりしてみると、黒澤明の映画の通り、キツネの嫁入りは、一種独特の行列をするのです。行列は、お嫁さんのキツネがいる神社から、他の神社に嫁に行く際のその道中の様子です。自分の神社の中で嫁入りがあるときは、神社のある山の麓を一周するようなことをします。

キツネは霊体になると二本足で歩きますから、だいたい黒澤明の映画のようになります。キツネが雨を降らせるのではなく、キツネの嫁入りがあると天気がよくても自然に雨が降るようになるのです。実際には竜が関わっているのですけどね。神社にかかわっている方は、そういうことがよく分かっておられると思いますが、晴れの日の雨を「キツネの嫁入り」と名づけた

のも、晴天の中、にわか雨が降るときにキツネの嫁入り行列を何度も見た霊能者の方だったはずです。

神棚の祭り方

神社でも家庭の神棚の祭り方でも、基本というものはあります。ただ、アマテラスのお札と産土神のお札の位置、米や酒や塩の位置などは一応決まっていますが、少し違っているからといってさほど重大なことではありません。

気を付けることとしては、二階から足で踏みつける場所に神棚を設置しないということがあります。一階に神棚がある場合は、二階には、できるだけ人が踏みつけない清浄な空間を作ることです。

一度、分からずに廊下の下に神棚を置いたことがありました。車が事故を起こしそうになることがしばしばあり、おかしいと思ったらそういうことでした。罰を与えようというのではなく、早く気づくようにということだったのです。

家の中心からみて、鬼門（北東）や裏鬼門（南西）の方位は一応さけるべきです。わざと力のある神々をその方位に祭って、魔を封ずるということもわたしの家ではやりますが、これはふつうの方にはお勧めできません。日の出る東側や、北側が一番いいと思いますが、鬼門線を外されたなら、ふつうは問題ありません。

水や食物は新鮮なものをお供えします。一応日本の神々は、古い日本の食生活にのっとって、焼き魚にご飯、野菜の煮物などがお好きなようです。お酒は、日本酒がお好きな方が多いようですが、ビールでもワインでもだめだというわけではありません。男神の中には、酒をどんどん飲まれる方もおられますが、女神はほとんど飲まれません。生米や、調理してない野菜はお食べになりませんので、普通の肉体の人間が食するのと同じように熱を加えてお供えしましょう。

また、お酒でも食物でも、腐るまでそのままにしておくというのは、神社でも神棚でもいけません。それは、肉体を持つあなたが、腐ったものを自分の前にいつまでもおかれていてどう思うかということを考えたら分かります。神社に行くと、ワンカップのお酒や食物などが雨水が混ざったり腐ったりしたまま供えてあることが多く、主人はそれを見るとすぐに捨てています。神々の食事されるスピードは、わたし達よりもはるかに速いので、お供えして手を合わせたら、煮物など傷むものはすぐに下げましょう。もう、その時には肉眼で見て供物があるように思っても、霊的にはもうなくなっているのです。

昨日（平成十八年元日）は初詣に、主人と下の息子の三人で、日本初之宮と言われる須賀神社（須我神社）に行って参りました。

ここは、スサノオがヤマタノオロチを退治して、イナタ姫と初めて住まいした記念の場所で、わたし達の初詣の場となっています。

ここで我が家に他神社も含めて、二年越しに祭られているお札をお返しし、新しいお札を求めました。

神棚の祭り方については、お札の並べ方や、供物のお皿の並べ方など、それほど問題ではありません。それは神社に説明の紙がありますし、いろいろな所で書かれていますので、それに従ってください。

昔の日本の家屋は一階に神棚を設置して、その上には部屋を設けないのがふつうでした。現在の日本では、あまりそういうことを考えなくなっていますので、どこに神棚を設けるか、難しくなることもあります。うちは仕方なく、二階の寝室に設けていますが、一階に台所がある場合とても不便です。

困るのはアパートやマンションに住んでいて、上の階の方がおられる場合です。上の階の方と親しければ、上の階の家具の配置などを見せてもらって、せめてタンスなどが置いてある場所の下に神棚は置くべきです。それが駄目なら、ガラスでも木製のものでも、神棚を納めるケースを特注して、それに収めるような配慮が必要です。

神棚と仏壇との位置関係も大事で、神棚と仏壇が同じ部屋で向かい合うというのはよくありません。基本的に位が違うものが向かい合うということは、息苦しいものです。同じように、仏壇の方が神棚よりも位置が高いと問題です。特に同じ部屋でそうなっていると、さらによくありません。このような位置関係の問題があると、神々はよくても、特に仏壇の方のご先祖が恐縮してしまって来られなくなります。ご先祖の中でも、神霊レベルまで高い位の方はさほど問題はありませんが、そうでなければ来られることはないでしょう。

神棚の場所について補足しますと、トイレの前や横、ドアの上、台所など水回りの近く、テレビなど騒々しいものがある横などに設置しないことは言うまでもありません。お客様を静かにもてなすということを基本に考えればいいでしょう。

お札は、お正月やお祭りの時などにいただいてきますが、これを霊的に見るとどのようになっているのでしょうか。

わたしが見ると、新しいお札は、ほんのりとした〝もや〟に包まれているといった感じに見えます。以前、わたし達の仕事を手伝って下さったTさんが、下の娘に、

「このお札に神様は、おられる？　おられない？」

と聞いて、娘が答えていたことがありますが、そこに神様の姿が見えるわけではありません。ただ、神様の出入り口になっているというか、つまり依代《よりしろ》としての意味があるのです。

二日前の元日（平成十八年元日）に主人が、お札を神社に返してしまうかどうか、アマテラス様に聞いていました。

すでに書きましたように、二年間神棚に祭られているお札がたくさんありました。わたし達は特別な家だから、お札にお金を使わなくてもそのままでいいだろうと言うのです。

アマテラス様がおっしゃるには、

「お札が悪いものを吸い込んでくれているから、神社にかえしなさい。昨年はまだよくても、もう二年間たっているんですから」と、依代以外のお札の力について話されました。

「しかし、そんなことをしなくても、こちらで、気を抜いたりはできるんではないですか？わざわざ神社に頼むことはない。わたしがこのお札の古い気を抜いて、新しい気を入れればいい」

「それはできるでしょうが、けじめとして持って行きなさい。お金を納めて新しいものをいただいて帰ることで、またお家の方も活性化するものなのです」ということでした。

神棚は、お札で神様をお祭りしていることは言うまでもありませんが、その意義についてもお分かりいただけたことと思います。

第三章　霊になった人たち

人生の終わりではない肉体の死

ここ数十年、ずっと心霊のブームは続いていて、おさまる気配はありません。でも、「この世は三次元の物体や肉体の世界だけだ」と思う人はいつの時代にもそれほど多くはなかったのかも知れません。

神道や仏教やキリスト教など、日本人もいろいろと信仰してきたのですが、肉体が滅びたら人間の全てが滅びると基本的に思っていなかったのは、死骸を「亡骸《なきがら》」ということからも分かります。昔の人も、霊という本体がいなくなった「殻《から》」であると考えたのです。

肉体が滅びれば全てが終わりだと考える唯物的な考えは、人の心を貧しくさせます。

「苦労することに何の意味がある。楽しければいいんだ」

「どうせ死ぬんだ。死ぬ前に好き勝手なことをしてやろう。みんな道連れにして殺してやる」

「分からなければ罪にはならない。死ぬまで隠し通せるなら何の問題はない」

そういう人たちが死んだ後、どうなっているかは調べるとすぐに分かります。

たとえば、殺人を犯しても隠し通し、また裁判になっても言いくるめて無罪になって、多額の補償金で余世を暮らして死んだとします。しかし、殺人を犯したという事実は、霊界では隠し通せません。霊界という所は、自分が生前に言ったことどころか、その時々に思ったことまで、全て明らかにされてしまう場所なのです。それだけではありません。その罪のために、それにふさわしい苦行が行われる地獄に行かされます。自分がやったことと同じように、体を引き裂かれたり、谷や海に突き落とされたり、人に裏切られたり、罵声を投げかけられたりします。そういうことが休みなく、来る日も来る日も続きます。それが、数十年、数百年という期間続き、再び肉体を持ったとします。その肉体を持っても罪が重かった場合、その罰は続く可能性が高いです。この世で苦しむのです。

そう考えると、この世で罪を犯すことが、どれほど馬鹿馬鹿しいかお分かりでしょう。

この世は修行の場

産まれる前にどういう霊界にいたか、前生でどういう人間であったか、覚えている人間はほとんどいないと思います。

それは、肉体をこの世に持つという時点で、一応それまでのことを「なし」にして、皆がゼロから出発させるいう霊界の規則があることを意味しています。

しかし、全員が同じ条件では出発しません。肉体や頭脳は親の遺伝が大きく作用します。そしてどういう環境で、どういう親を持って産まれるかは、前生が影響するのです。

産まれる所は、ふつうの人の場合、自分が以前産まれた家の子孫の関係の所へ産まれることが一番多いです。つまり、今の自分の何代か前の人の中に、自分がいる可能性が高いということです。現在、平成三十年に三十才だという平成の初めに産まれた人を基準にすると、前生で江戸時代の終わりから明治の半ばぐらいに肉体を持っていた人が多いと思います。ただ、それはいろいろです。大きな使命や業があったりすると前に肉体を持ったのが、数百年から千年も前だったりすることがあります。戦争があったり事件に巻き込まれたりした場合、予定した年齢まで生きていないということで、霊界に帰ってから、ほんの数年で同じ両親の元に産まれてきたりすることもあります。

最近テレビを見ていて、震災で二人の子どもを亡くされた若い夫婦が、また二人の子どもを授かったということで出ておられましたが、これを見た主人が、「もしかして、すぐに霊界から帰って来たこの夫婦の亡くなった子どもじゃないの？」と聞くので、霊視してみるとその通りでした。こういう場合、男の子だったのが女の子で産まれたり、その夫婦のどちらかの弟妹の子どもで産まれたり、いろいろな場合があります。

この世はいろいろと不平等なことが多くあります。身長のこと、容姿のこと、産まれながらの頭脳のこと、家の貧富のことなど、人から見てどういうことないと思われることでも、ずいぶんと気にしている人もいます。わたし達は下の息子が障害のある体で産まれてきたということで、ずいぶんと悩みました。基本的には前生があって今の自分があるということを忘れないで下さい。それにこの世での使命が加わるのです。

この世は修行の場なのです。霊的にまだ修行が足りない人は、より高い生き方を三次元世界で聞くことができます。また霊的に高い人は、霊的に低い人に教えるという修行をするのです。霊界では同じレベル、同じ考えの人が集まっていて、過ごしやすいし、説法をしても誰でもが知っています。ですから、困難な中で他の人を導くという修行なのです。

ちょっとした善人の人にとっては、霊界は過ごしやすい所です。しかし、如来や菩薩レベルの人は、霊界でも三次元世界でも大忙しです。いろいろな仕事があるでしょうが、基本的には修行というより、完全に無償の奉仕作業です。

釈尊は王子という身分を捨てて外見的には乞食になり、キリストは自分の死の運命を知りつつも神の国を地上にも建設しようとして伝道を続け、織田信長は天下の統一と万民の幸福のために悪逆非道の名を受けながら多くの敵を殺し、野口英世は左手の障害と極貧に堪えて学業を積み、医学研究で多くの人を救ったということがあります。

例えば、マザー・テレサやマララ・ユスフザイを見て、自分もそのような生き方がしたいと思いますか？　二人ともノーベル賞を受賞しておられますが、ノーベル賞を受賞しようとして活動したわけではありません。

これらの方々は、常識的に生きていくには、欠点とも損とも見える多くの面を持ちながら、天からの使命を強く自覚して動いたといえるでしょう。

これらの方々を見て、「自分も及ばずながらそのように生きたい」と思えるかどうかが、如来界や菩薩界に縁がある人かどうかの境目になります。

昔はそれほどでもなかったでしょうが、終末を迎えた現在、天上界の上部に位置する如来界や菩薩界は、混乱のため灰神楽《はいかぐら》がもうもうたる騒ぎになっています。地球を滅ぼすような要因があちこちにあって、それを一つ一つ押さえていかねばならないからです。

守護神と守護霊

肉体を持った人間一人に対して、産まれたときからピッタリとその人を守護している霊体がいます。この霊体をわたし達は「守護神」と言ってきました。それ以外にその人を守護している霊体はふつう三〜五人います。これらの霊体をわたし達は「守護霊」と言ってきました。いろいろな言い方がありますが、わたし達は、今でもそう言っています。

今まで見てきたところでは、守護神は自分の前生であることがほとんどです。人は輪廻転生の法則に従って産まれて来ますが、そういう点では守護神は自分自身ですが、自分の意識そのものではありません。別の霊体としても存在しているのです。ですから、輪廻転生ということは確かなのですが、霊的な意識を見るとそうではないとも言えるのです。その他三〜五人の守護霊は、前生の自分と関わりのあった人々の霊体です。ふつう家族や親戚関係の人であったということが多いです。

守護神はよほどのことがない場合は変わることはありませんが、守護霊はその人の成長によって変わってくることがあります。音楽家になったり文学者になったり発明家になったりすると、自分の先祖とは関係ない霊体も守護霊に加わることがあります。その人のレベルが高く、名声が上がってくれば、守護霊も多くなってきます。

何かその人が仕事をすれば、その指導をするのに一番ふさわしい霊体が前面に出てきて指導します。

しかし、その人の心が良くない方向に向いていくと、善霊であった守護霊は去り、代わりに悪霊が憑くようになります。最後には守護神も悪竜に変わったりします。そうなってしまうと少々忠告したくらいでは、その人は不良行為をやめなくなります。

霊能者でひどいことを言っているのは、だいたいこういう人たちで、霊能力があるだけに、ふつうの人よりも始末に負えなくなるのです。

葬式の意味

葬式は何のためにあるのでしょう。誰のためでしょうか？　亡くなった方が霊界に行く際の儀式で、みんなで故人のことを語り合い、故人が霊界に帰るのを見送る儀式です。

それでは葬式がないと霊界に人が行けないかというと、そうではありません。行けるのですが、この世に生きて霊界に帰るけじめとして行うのです。それは中学校の卒業式と同じです。卒業式の日に欠席したとしても、学校に行ってさえいれば卒業できるのです。同じようにこの世で何をしていようが葬式はなくても霊界には行けるのですが、式をすることによって、本人もこの世と決別する決心がつくのです。

中学校を終えて高校に行くのか、専門学校に行くのか、すぐに働くのかは、それまでどのように考え学生生活を送ってきたかにかかっています。エリートへの道は努力しなかったら難しくなるのです。

肉体の死によって霊体が肉体から離れますが、その先に、高い霊界に行けるかどうかはそれまでの生き方によって決まります。死んでから「霊界があったのか…」と慌ててもどうしようもありません。

一般的には死後四十九日間、故人はこの世にとどまることを許されていますので、死者にとっても、自分の葬式に参列して、自分の肉体が火葬場で点火され焼かれるのを参列者と一緒に見て、そしてみんなと一緒に会食して、みんなの話を聞くのです。主人もわたしも、家族や親戚や近所の方々の葬式に出ましたが、だいたいこういうことです。

母方の祖父が臨終したときには、祖父の霊体は肉体から出て呆然と横に立っていましたので、「ご苦労様でしたね。わたしはお祖父《じい》ちゃんの姿が見えるのですよ。霊界から迎えに来るまでゆっくりして下さいね」と声をかけました。葬儀の時にはみんなが焼香するときに、祭壇の所に座ってみんなを眺めていました。

近所の老婦人が亡くなられたときに、主人は式場の後ろの席に座っていたそうですが、

「ねえ、お婆ちゃんが祭壇の所におられたけど、とことこ歩いて僕の所に来られたよ。面識はなかったのに何の用だろう？」

と電話してくるので、遠隔でそのお婆ちゃんと話をすると、

「光っていらして、偉い方ではないかと思い、ご挨拶に伺ったのです」という返事でした。

「そんなことされなくても、たいした者ではありませんから、気にされずに前にいて下さい」

と自分の祭壇の方に帰ってもらいました。

後で主人は、

「僕なんか、霊体が真っ黒かと思ったら、光って見えるんだねえ？」と笑っていました。

母方の祖母の葬儀に行ったときにも電話してきました。主人の母親は幼少期に実母を亡くし、亡くなった祖母と血のつながりはないので、主人はその祖母の実家のことについては知りませんでした。

やはり、自分の身体が焼かれるときにはみんなの列の中にいて、食事の時にはあちこちの席に挨拶や話をしに廻っておられたようです。主人の横に座っていた自分の実の娘(主人の叔母)と二人の孫の所にはしばらくいて、今度は主人が知らない老齢の女性二人の所に行って話をしているような様子だったそうです。主人が誰か分からないので叔母に尋ねると、故人の実の姉妹だったそうです。その後、会食の場から帰られる参列者がいると、出口まで見送ってはまたみんなの席の方に帰るということを繰り返しておられたとのことでした。

わたしの祖父の葬儀の時は、祭壇の前に亡骸の入った棺桶があり、みんなが話すのを離れた所で聞きながら部屋の中にはいたのですが、僧侶がお経を唱え始めると出て行ってしまいまし

た。主人が、

「部屋の中を見回しても、どこにも気配がない。どこに行かれたかね？」と聞くので、

「めんどくさいっていうことで、出て行ったよ。だいたい、儀式でじっとしてるの嫌いだから」

と返事をして、父については呼返しもせず放って置きました。死体が焼かれるときも帰って来ませんでした。

だいたい、葬式を霊的に見るとこのような感じです。

しかし、例外的なものもあります。故人が悪人だった場合です。死んだらたちまち魔界から使いが来て、地獄に引き落とされてしまいます。これは、凶悪な犯罪を犯して世間から知られた犯罪者だけではなく、裏で悪事を働いていて、一般に善人と見られている人も同様です。ひどいときには肉体は生きていてもすでに本人の霊体は地獄の底にいて、代わりに悪竜が入っている場合があります。こういう場合、肉体は生きていても霊的に見れば死んだ人間です。葬式をする意味はほとんどありません。

だいたい、四十九日たつと自分の先祖が迎えに来て、連れられて霊界に帰ります。しかし、霊的に高い人間は迎えを待たずに自分で霊界に帰ったりします。さらに霊的に高い人間は、肉

体を持っていても霊界と三次元の世界を行ったり来たりしている方が多いのです。

以前、霊界からお呼びして、主人と話している際に、

「肉体を離れられるときは、わたし達がお迎えに参ります」

と言われた方々がおりました。主人とは肉体的に繋がりはないのですが、主人が研究をしている幕末期の志士の人たちです。

「それなら皆さんがいらっしゃるまで待ちましょうか」と言って、主人も喜んでいました。

輪廻転生ということ

今肉体を持っている自分がどういう動きをするかということは、記録されていきます。子どもの頃にあったことで、主人が怪我をしたときや、人に嫌がらせをされたことなど、いろいろと聞きますが、その時の情況が見えてくるので、その時は前生の業でそうなっているとか、たまたまそうなってしまったとか、主人を陥れた犯人が誰であったかということまで見えてきます。

主人の前生は有名な戦国武将ですが、その時にわたしは主人の妻でした。主人は、前生で殺したいろいろな霊体にも狙われ、大きな業を背負って産まれています。そのため、再び産まれてきた今回、体は子どもの頃からいろいろと不調が現れ、それは現在でも続いています。

主人のこの世での仕事は、小学校と特別支援学校（障害を持つ生徒が通う学校）の教師でした。主人はその職業を目指していたわけではないし、ほとんどの人が主人にふさわしい職業だとは思いませんでした。しかし、主人がいくら努力しても、その職業から抜け出せなかったのです。

どうして小学校教師や障害がある生徒が関係するのでしょう。それは、前生で子どもでも情け容赦なく殺したからです。また主人は、二度の結婚で、相手の女性からひどい目に遭っていますが、どうしてでしょうか。それは女性まで容赦なく殺したからです。

自分のした残忍な行為のみを取り上げて罰せられたとしたら、ふつうの場合、大変な罪です。体はどこもひどい状態で生活などできるはずがないのです。

しかし、日本の統一と太平の世を取り戻すという大きな使命を高天原から受けて、それに向かって邁進したという点で評価されて、それほどまでにひどい状態になっていないということがあるのです。

生きている以上、悪いと思っても自分の立場や周りの状況から仕方なくやらねばならないこともあります。それについて自己嫌悪に陥って悩むこともあるでしょうが、そのマイナスがあっても人生全体ではプラスになるようにしたらいいのです。

つまり、マイナスになることをしてしまったら、その何倍もプラスになることを霊界に帰る前にしたらいいということです。

輪廻転生の過程で、人は失敗したことや足りないことを経験させられることがままあります。裕福な生活をしていて、貧しい人の苦しみが分からない場合、貧しい家庭に産まれることがよくあります。また、人を差別していれば、今度は差別される側になります。黒人は白人に奴隷にされ虐《しいた》げられた歴史があります。黒人として肉体を持っている人を霊視すると、前生で白人だったり、その逆に白人として肉体を持っている人を見ると前生で黒人だったりします。

わたし達夫婦は前生で、武家の家に産まれ多くの家来がいる存在だったので、今回は一般の庶民の家に産まれています。

事業で成功して何十億という資産を築いている方を霊視すると、前生でとても貧しい家に産まれて、それでもへこたれずに頑張っていたという姿がよく見られます。

しかし、輪廻転生の法則とは関わりないことも起こってきます。いろいろと障害がある身体で産まれて来た人が、人を殺したり傷つけたりするような悪事を働いてそうなったかというと、そういうことはあるにはありますが、そうでないことも多いのです。その一つが、自ら困難を承知で、修行のために産まれているという場合です。そして、ハンディのある身体でも頑張る姿を他の人が見て、生き方を学ぶという意味が加わります。もう一つは、たまたま霊界で予想していなかったことが起こって、障害のある身体で産まれてきてしまったというものです。

また、犯罪に巻き込まれて亡くなった善良な人が、前生で人を殺していたかというと、そうでないことの方が多いように思います。一家が惨殺されたという痛ましい事件が起こったというある事件を霊視すると、その家族の誰かが、前生である家族を皆殺しにした。そのため今世で事件とは関係のない家族内の他の人も巻き込まれたということはありました。しかし、前生とは全く関係なく、たまたまそこに居たために事件に巻き込まれてしまったということが割と多いのです。

よく、何かの宗教を信仰している人で、事件で殺された人や障害がある人を見て「前生の悪業でそういう身体になったのだ」「神仏を冒瀆《ぼうとく》したからそういう身体になったのだ」と決めつける人がいます。たぶんその宗派の代表がそういうことを言っているのでしょうが、自分で分からないのに、そういうことをむやみに言うことは自分の悪業を重ねることになります。

霊との対話と占い

霊体とやりとりしたことを書いてきましたが、どういう方法でやっているのか疑問に思われるのが当然だと思います。

霊とのやりとりをする方法はいくつかあります。まず、タロットなどの占いカードを使って、霊体に聞きたいことを尋ねて、そのカードを引かせてもらうやり方です。

自分自身が教えてもらうという謙虚な気持ちになって、霊的な作用を受けやすい状態にしてカードを引くことによって占います。

そういう占い師の所に行かなくても、日本人であればたいがいの方が経験しているのが御神籤です。遊びのように思って引いていると、そのようにしか教えてもらえませんが、お祈りの後、きちんとした心と姿勢で、「神々に教えていただく」という気持ちで御神籤は引きます。その時に、小声で教えてもらいたいことを言うと効果的です。初詣で「今年のわたしの運勢はどうでしょう?」などといったことで、御神籤は引くものではありません。なぜなら、一年間ある中で生活していると、いろいろなことが起こります。その中には、いいことも悪いことも、嬉しいことも悲しいこともあるでしょう。さらに言えば、いいと思うことでも実は先々で良くはないこと、逆に悪いと思われた出来事が先々でその人の人生を豊かにしてくれることであったりするのです。

神々も多くの御神籤の札の中で、どれを引かせたものか迷ってしまわれます。ですから、健康、結婚、受験、就職など一点に絞り、さらには、父の病気の回復、今つきあっている彼との結婚、○○大学△△学部合格、□□社への就職という具合にできるだけ細かく分けて問いながら、伺いを立てるのです。一回の参拝で何回も伺いを立てながら何度も引けばいいのですが、基本的に一つの願い事に対して一枚です。その願い事を見ると同時に、全体的に書いてあることも参考にします。特に裏に書いてある人生の指針があれば必ず読みます。具体的にどうしたらいいか、分かることが多いからです。

主人は、伺いに対する神々の詞《ことば》が気に入らないと、同じことで何度も引いたり、別の神社に行って引いたりしますが、この場合何度引いても同じ内容のことが出てきます。たとえ、小吉が中吉になったとしても、書いてある内容は変わらないわけです。ごくたまに、悪竜や悪霊が関与して凶を引かせることがありましたが、主人はすぐにピンときて、わたしに電話して「誰が引かせたの？」と聞きます。

「わたしが引かせました」とにやにやして悪竜や悪霊が答えるので、彼等を処理して、もう一度引いたりします。御神籤一つを取り上げてもこのようにいろいろとあるのです。

伺うことの中に「憎い○○は、今年中に殺して下さい。御願いします」とか、「恋敵の△△を、会社に来られないようにして欲しいです」などという言葉があると、それこそ悪竜や悪霊が関与してきます。こういうことでも「○○との関係が回復するように御願いします」とか、「彼にはわたしが一番ふさわしいと思います。この思いは叶《かな》う方向で努力していいものでしょうか？」というふうに前向きに伺いを立てたらいいのです。このように御神籤だけでも、いろいろと深いところがあるのです。

子どもの頃、「コックリさん」というものが流行していて、友だちとやっていました。これはみんなで人差し指で十円硬貨を押さえ、十円硬貨が文字の書いてある紙の上を動くことによって、判断する方法です。その文字を追っていくと、意味ある言葉が浮かび上がるのです。これはだいたい、遊びギツネが関与していますが、浮遊霊が関与していることもあります。面白がって、わざと違うことを教えたりしますので、本気でやったらだめです。また、ひどい時には、その霊が誰かに取り憑いて離れなくなります。その人が霊媒体質だったら、人目にもおかしな行動をとったりすることになりかねません。

次に自分の身体に霊体を降ろすというやり方です。「イタコ」と呼ばれる人々などがそれです。呼んでほしいと依頼された人を霊界から呼ぶのです。まだ霊界に行かずこの世に残っている地縛霊や浮遊霊なども同じく呼べますが、こういう人の方が呼びやすいです。向こうから、誰かに憑いて自分の話を聞いてほしいと思っているからです。この場合、自分の身体を一時貸すことによって、霊体はその身体を借りて話をするわけです。この場合、霊媒者は、後で自分の身体を使って霊体が何を言ったか覚えていないことが多いです。これには、危険が伴います。その まま身体が乗っ取られてしまうことになりかねないからです。

わたし達がやっているのは、霊は身体の外にいて、霊体が言うことをこちらが聞いて、主人にわたしが伝えるというやり方です。特に悪霊の場合は、側にも寄らせないようにして遠隔でやります。下の娘がやっていたのもこのやり方です。下の娘は、思春期に入った頃から、危険だということでこの能力は今は封じられています。霊的に高い方にはわたしの中に入ってもらうことがあります。主人はわたしの中に男性霊が入るのを嫌うので、これができるのは女性霊だけです。

ヘビになった女性のこと

ヘビというのは男性的か女性的かと聞かれると、ほとんどの人が女性を連想するのではないでしょうか。ドイツ語では名詞は「男性・女性・中性」に分かれており、ヘビはSchlange（シユランゲ）といい女性名詞です。ヘビは、実際に人間の女性に憑いていたりします。好きな男性のすべてをからめ取りたい、飲み込みたいという女性の執念により、霊体がヘビとなってしまうのです。つまりヘビの姿の女性霊が憑いているというわけです。

以前、小柳ルミ子主演の『白蛇抄』という映画がありました。白蛇は、愛欲に苦悩する美しい女性の象徴であり、実際に白蛇の霊体はいて、白蛇が憑いている女性は、おのずから妖しい色気が漂っています。恋に裏切られた女性の怨念の姿として、ヘビの姿になり僧侶をつけ狙って殺してしまう話『安珍清姫』などは有名ですね。このお話では、清姫の母親は白蛇の化身だったということになっています。

実際に肉体を持っている神秘的な白蛇もいて、神の使いのように考えられ大事にされています。白蛇の霊体が憑いている女性は、年を取っても色気が漂っています。芸能人でも、白蛇がついている女優はすぐに分かります。なんとなくその妖艶な姿、みなさんにもお分かりでしょう。

白蛇は、持って生まれた美貌に加えて、実生活でも男性との妖しい関係を続けなければ憑いてくれません。それがいいかどうかは本人の考え方次第ですが、白蛇に憑かれた女性は死後、霊的には自分も白蛇になったりします。

白蛇でなくても、多くの女性はヘビの霊体を連れて歩いています。主人がよく、訳もなく耳鳴りがすると言いますが、こういう時は、ヘビが小さくなって耳に入り込んでいる時です。悪気があって来るのではないので、主人は優しく帰るように言います。罰をしないので、かまって欲しくてまた来ますが、厳しく叱ると、今度はそれが快感になって、さらにやって来ます。

「みんな霊界に帰してしまったらいいのに」と思うのですが、それはあまりしないので、我が家ではヘビの出入りが激しくなっています。

主人は以前、頭痛がして発熱しているのではないかと思って医者に行くと、体温は平熱よりもかなり低く、三十五度もなかったことがありました。

測り直すように言われて何度脇に体温計を挟んでも同じです。

「ああ、分かりました。もういいです」

と医院を出てわたしに電話をかけてきて、確かめてくれと言います。

「そうだね、ヘビが巻きついてるね」と言うと、

「お嬢さん、だめじゃないか、霊界に返すよ」と主人。

「はい、ごめんなさい」という返事。

その後、ヘビを外すとたちまち平熱になり、頭痛も治って体調は回復します。これで分かることがありませんか？　低体温症の方、足が冷えて困るとおっしゃる方の中で、ヘビがついている方が多いのではないかということです。これって医者の療法では難しいかも知れません。なぜかというと、身体が冷たいから身体を温めようとした場合、ヘビも温まりたいから身体から離れないということになるからです。

男性にヘビが憑く場合、その男性がそのヘビ女性の好みであるからです。主人は人間の女性にはそれほどモテる感じではありませんが、ヘビ女性には大変な人気です。

女性に憑く場合、その女性の夫や恋人がヘビ女性の好みのタイプであることが多いです。肉体を持つ人間が歳をとっても、その女性が気に入ってそのまま憑いている場合もあります。歳は霊体には関係ないですからね。

第四章　真実か迷信か

霊能者は自分や家族のことが分からない

「霊能者は自分や家族のことが分からない」ということは、子どもの頃から時々聞いていて、なぜだろうと思っていました。しかし、霊的な力がはっきりと自分にもあらわれるようになってみると、やはり、自分や家族のことはあまりよく分からないのです。

友だちから「あの人は、わたしのことが好きかしら？」などと聞かれると、その男性が彼女と二人になったときに、どんなふうに感じているかということはそのまま頭に浮かんできます。また「中学生の時にこんなことがあったのよ」と言われて、そこに焦点を当てると光影が見えてくるのです。「困っているんですが、これからどうなるでしょう」と聞かれてもなんとなく先が見えます。

でも、わたしや家族のこと、回りの状態やこれからのことになると、他人から相談されたときに比べてはっきりしないのです。ですから、これからどうしたらいいか、どうしたら成功するかと主人に聞かれても、「よく分からない。何でもやってみたらいいじゃない」とか、「自分で判断したら、失敗しても納得がいくでしょう」としか答えられないことが多いです。

主人やわたしが肉体を去り、霊界に帰る年齢は一応知っていますが、それももっと長くなるかも知れないという曖昧なことです。それはたぶん、これから神々が予定された仕事をするのに、一応他界する年齢を知っておかないと計画が立てられないから分かるのでしょう。

また、家族に霊が来たときに、見てみると何が憑いたかは分かります。それができないと、危ないから霊視できるようにしてもらっているのでしょう。

ただ、先のことがはっきり分かってくると、人は動けなくなります。この世では、吉と凶とは入り組んでおり、吉かと思えば後にそれが凶をまねく発端であったり、逆に凶かと思えば後にそれが吉をまねく発端であったりします。ある意味分かれば分かるほど、今一瞬をどうしたらいいか、分からなくなるのです。

特に分からないのは家族や親戚の死です。分かったら、動転しますよね。何とか助けようといろいろ手を打ちたくなりますが、人の死に対して、霊的に関与してはならないのです。霊界で定められていることを変えることになるからです。人の死を変えることによって、いろいろなひずみが生じます。ですから、その点は分かっても他人には言えません。

人の一生は産まれた時には決まっている

正直なところ、だいたいは決まっています。どこのどういう家族の所に産まれるかということで、八割方は決まってしまうのです。

しかし、その後は、努力次第で変えることはできます。ただ、努力をして何かを目標にしようと思うこと自体、その人の決められた方向だと言っていいでしょう。

歌舞伎役者や一流のアスリートや音楽家などは、親からの才能がなければ、一流となるのはなかなか難しいと言えるかも知れません。実際に、歌舞伎役者などは、前生でも前々生でも同じように役者をしていることがほとんどです。霊体にその記憶が刻まれているので、幼くても立派にできるのです。親が音楽家ではないのに、才能を発揮したという人がいたとしましょう。そういう人は親に才能があっても環境が調わなかっただけで、その人には生まれつき環境が整えられ、その中で才能が開花できるように設定されていたのです。

どんなに頑張っても身体能力がない、歌も楽器も音程が全く合わないという幼年期があって、環境も調っていないという人が、青年期になったときにスポーツ選手や音楽家を目指すでしょうか。まずないと思います。才能があっても、その才能を伸ばせる環境に産まれなかったというのは、基本的に前生と、今生の目標に関わっているのです。

ただ、自分の一生を設定されていたよりも悪い方向に向けていくことは、割と起きやすいことです。「思わぬことで事故が起こって障害を負ってしまった」「自分の結婚相手と設定された人に予定通り会えずに、他の人と結婚してしまった」「自分の方から悪い道にどんどん踏み込んでいってしまった」「自殺をしてしまった」という具合です。

この世は危険の伴う修行の場なのです。

死ぬ際に一瞬にして見る自分の一生

人は死ぬ直前に、自分の一生を一瞬のうちに画像で振り返ると、よく言われています。それは例えば、自殺をしようとして崖から飛び降り、海に落下するまでの時間のうちに見ることがあるのだということです。

これは、死ぬことに決まっていながら、なんらかのことで生き延びた人がいて、それらの人が語ったものが伝わって来たのでしょう。

そのことについて、アマテラスの岩戸隠れの時に男神たちの前でセクシーな踊りをしたことで有名なアメノウズメに聞いたことがあります。

「ええ、そうなのですよ。死ぬ際に画像で自分の一生を振り返らせることは、霊界の決まりになっているのです。それは、その人を裁くに当たって、自分の行ったことを本人に自覚させるためなのです。『あなたはこういうことをしたから、こういう霊界に行くのです』ということを納得させるためなのですよ」ということでした。

「なるほど」という感じです。悪いことだけでなく、善行も加味してもらえますので、その点は少し安心です。

これが長患いして、ゆっくりと死に向かっていく場合は、もう少し長い時間をかけて自分の一生の映像を見たり、また先祖の方と話し合ったりして、自分が産まれてきた意味を噛みしめるようなことになるでしょう。

霊界に帰ると、自分がやったことは全てみんなに知られてしまいます。それだけでなく、そのつど思ったことも隠すことはできません。

そうかと言って「自分のタイプの異性に会って、夫がいるのにHな願望を抱いた」なんていうことは、罪にはなりません。人はそういう想いを自然に抱くように創られているのです。その証拠に『古事記』の神々はHでしょう。

四十九日この世に残る霊体

仏教では人が亡くなってから七日ごとに、閻魔大王の裁きがあり、それが七回行われる四十九日目に裁きが終わって、行く所が定められるとされています。そのため、この世に未練を持たず定められた霊界に行けるように法要を行うのです。

閻魔大王という名は皇帝のような存在を連想させますが、霊界ではさほどではありません。それでは最高裁の裁判長のような存在かというと、そこまで行かないのです。だいたい、最高裁の裁判長が、次々に来る霊体のことを裁判するでしょうか。違います。下っ端の役人程度の存在です。スサノオの霊体で、裁きに関した霊体は不動明王ですが、閻魔大王は不動明王に対し、土下座して迎えるぐらいの存在です。

ですから、如来や菩薩レベルの霊的に高い人は、肉体を去っても閻魔大王に会ったりしません。四九日を待たずに霊界に帰ってしまいますし、いつでもこの世に霊体で戻ってこられるのです。また、極悪な一生を送った者は裁きも形だけで、ほとんど自動的に地獄の底に蹴落とされることとなります。

ほとんどの人が肉体を去ったときには、自分の一生を映像で見ており、それは裁きの場でも一瞬で全ての者が分かるので隠すことはできないのです。この世での裁判の時のように、何が真実かということで、弁護士を立てて原告と被告が争ったりしません。

たとえば、殺人を犯していながら、裁判では優秀な弁護士に助けられ、偽証をして無実の判決をもらった上に、裁判で疑われたために多くの損失を被ったということで大金を受け取って、うまくいったと喜んでいる悪人がいたとしましょう。肉体を持っているときに全く罪をあがなっていないので、霊界に行ったときはその分、厳しい裁きを受け、肉体を持っても今度は自分が殺したのと同様なやり方で殺されたり、人に欺かれたりすることになるでしょう。ただ、裁判にかけられる人間の全てが前生で何か悪事をしたと思ってはいけません。いろいろな理由で犯罪や冤罪が起きているのです。

ふつうの人の場合は四九日までは、この世に残ることができるので、「四九日間有効な霊界行きの切符」を持っていると譬《たと》えることができます。アマテラス様に聞くと、この四九日というのは、仏教界だけでなく、世界中ほぼそうなっているということです。たぶん、一週間が七日で、その七を二乗して日数が完結するということなのでしょうが、その本当の意味ははっきりと教えてもらえませんでした。

それから閻魔大王と呼ばれている方を、何回か呼びましたが、「今、忙しいので行くことができません」と言われました。一応、いかめしく座っていないと被告人の前で威厳が保てないのでしょう。ご苦労様です。

墓と仏壇のこと

墓や仏壇の位牌に手を合わせて、

「ご先祖様今日もよろしくお願いします」

と毎朝拝んだり、お盆に里帰りして、墓や位牌に向かって、小さい子どもに、
「ひいお祖父ちゃんとひいお祖母ちゃんに、帰りましたってご挨拶しなさい」
と言うことがあります。

それでは、墓や位牌は、霊体の家なのでしょうか？　答えは「ノー」です。墓石も位牌も先祖が霊界から帰って来る際の依代《よりしろ》ではあっても家ではないのです。もちろん、墓石や位牌がご先祖そのものだと考えるのは、間違いです。

墓地や仏壇は、その家の聖地であって、墓石は記念碑、位牌は霊界の戸籍かこの世から与えられた手形か表彰状のようなものだと考えるべきなのです。戒名を見ると、その人の人柄や人生を表すことが書いてあることが、その証拠にもなります。

依代というのは、神社のご神体である石なども同じですが、霊体が来られる際の目印です。標準的な霊体である場合、自分の命日、彼岸、お盆などはこの世に帰ることができることになっています。その時に多くの子孫がいる場合、どこに行っていいか分からなくなります。そこで、墓所を決め位牌を仏壇に安置して、子孫が集まってきて対面するという形をとるのです。

ところが、高いレベルの霊体になると、必要に応じてどこにでも行けますし、自分の墓や仏

壇がどう扱われていようと気にしません。それでも、子孫から罵倒されるより、先祖として感謝され手を合わせてもらう方が嬉しいはずです。

逆に先祖にならず者がいて、地獄に落ちているとしましょう。そういう場合、手を合わせてもこの世に帰られなかったりします。霊界で修行して霊的レベルが上がらない限り無理なのです。それでも拝む人間のレベルが高ければ、帰ることができることもあります。

一番やっかいなのが、墓地や仏壇が自分の家だと思って残っている霊体です。これは肉体が滅びたら霊界に帰るという規則に違反しているので、よいことではありません。残っている霊体は、霊力のないふつうの子孫とは話ができません。いくら話しかけても肉体を持った人間には分かりませんので、毎日イライラして過ごすことになります。それによって、家族にいろいろな禍《わざわい》が生じてきます。そのご先祖が事故などで突然亡くなって遺言がなされなかったような場合は、なおさらひどい霊障が生ずることになりかねません。

ですから、どんなに素敵なご先祖であっても、まずは霊界に帰ってもらうことが重要です。

身体の不調のこと

別のところでも触れましたが、肉体の障害や不調が前生の影響を受けているということはありますが、何でも前生の関係で考えるのは間違っています。肉体のことは霊界の意図で全てが決まるということはないからです。

自分と関係のある家に産まれる予定の人がいたとして、自分の前生から見るとそれが子孫の家だったとしましょう。その場合、何名かの候補者の中から肉体は選ばれるのですから、ある程度決まってしまいます。つまり、霊的ではなく、身体能力や頭脳などは、先祖の肉体の遺伝が大きく作用するのです。

容姿や体格や能力だけでなく、胃が弱いとか、そういうものはどうしようもないところがあります。それは、霊的なレベルが高い人でも変わりがありません。むしろ霊的にレベルが高い人が、身体面でいろいろなハンディを抱えて産まれていることがあるのです。

次に、輪廻転生とは離れて、何か霊体が憑いている影響で、体調が悪くなるということについてです。これは、実際に大きな影響を与えます。悪霊と少しの間話をするだけで、わたし達家族は体調も悪くなってぐったりしてしまいます。悪霊が絶えず、身体にへばりついていたら身体もやられてしまいます。

霊的にどこかがやられているというのは、何かが身体に突き刺さっているのと同じです。たとえば矢が身体に深く刺さっていたら、化膿してきた矢の周辺の肉を切り取っても、また肉は腐ってきます。この場合、矢が刺さっている深部まで骨肉を切らねばならないことになります。それができない場合は、死病ということになります。ですから、矢が刺さっている場合は、初めにその矢を抜いてしまわないといけません。肉体的にも霊的にも、やるべきことは同じなのです。

霊能力は人の立派さとは関係ない

霊能力があって、病気を治したり、結婚や就職のことを相談したり、将来のことを占ったりする人を偉いと思う人がいます。あるいは、霊能力があってみんなから頼りにされるので、自分のことを偉いと思っている人がいます。

その霊能者は本当に立派な人なのかも知れません。しかし、霊能力があること自体が立派なのではなく、それをどのようなことに使おうとしているかが重要です。

霊能力でお金をがっぽり儲けようとしていたら、自分のために使おうとしていることになります。ですから、キツネやヘビの力で金儲けをやっていることが多いです。人霊でこういうことに関わってくるのは、天狗界の霊体です。お礼のお金を受け取ってもいいですが、誰でも小遣いで払える程度の料金を設定すべきです。

しかし、動物霊は、自分が憑いている霊能者が人間から先生扱いされると、優越感に浸り、次第におごり高ぶってきます。動物霊でもある程度のことは霊的に読み解くことができるので、恋人とうまくいくかどうか、どうすれば大金が手に入るか、などというようなことを教えてくれます。しかし、そのアドバイスは、相談者が努力すること、失敗して学ぶということは避ける傾向にあります。相談者は一時的に成功しても、失敗することがまま起きて来ます。

神々が指導している場合は、本人の意志で進んでいくことを応援しています。失敗してもそれがきっかけで成長すると思うと、そのことを止めないのです。また、結婚の相談では、なるほど相手と結婚できると思っても、霊的にも合致する相手でないと勧めなかったりします。

ためしに霊能者がアドバイスをしてくれる姿を観察していると、どういう霊体が霊能者を指導しているか、分かってきます。

わたし達に霊能力があることは、周りの人には隠していますし、会員を集めてお金を集めようとも思っていません。願うのは、霊界の真実を多くの方に知ってもらい、神とともに生きることを実践してもらいたいということです。それが終末の時代を乗り切る最も有効な近道であると思うからです。

神々は特別な存在ではない

神様と聞くと、何か雲の上の特別な存在であると思っていませんか？　しかし日本の神様は、アマテラス、スサノオ、サルタヒコ、オオトシ、オオゲツはいいとしても、八幡神社は応神天皇、明治神宮は明治天皇、天満宮は菅原道真と肉体を持たれたことがある立派な方々なのです。

このことで違和感を持たれる人も多いのではないでしょうか。

だけど、違うのですよ。アマテラスもスサノオもサルタヒコもオオゲツも、肉体を持たれた方々なのです。そして、今も肉体を持っていらっしゃいます。

たとえば皇室で見ていくと今上天皇（平成現在の天皇）はイザナギ、美智子皇后はイザナミの霊体と、つまり、日本を造られたと『古事記』や『日本書紀』で言われている夫婦神なのです。さらに皇太子殿下はツクヨミ、雅子皇太子妃はアマテラスということになっています。

それは、皇室の方々なのだから特別だと思われるでしょうが、そうでもありません。芸能界でも飛行機事故で亡くなった坂本九、加山雄三はイザナギ、吉永小百合や松嶋菜々子、引退した山口百恵はイザナミ、桜田淳子や深田恭子はアマテラス。また、霊体と肉体では性が一致しないこともあって、ガクトはアマテラス、氷川きよしは収穫の女神オオゲツ、上戸彩はオオクニヌシといったところです。以上はほんの一部です。芸能界だけでも挙げればきりがありません。

わたしの家族のことを取り上げますと、主人はスサノオ、わたしはイナタ姫（アマテラスの分霊）、上の息子はツクヨミ、上の娘はアメノウズメ、下の娘と下の息子はオオクニヌシです。

この本について興味を持って読んで下さっている読者の方々も、『古事記』や『日本書紀』の中に登場する神々の霊体である可能性は高いと思います。社会的な名声を持っているかどうかということは関係ありません。

過去の偉人で見ると織田信長はスサノオ、豊臣秀吉はスクナヒコナ、徳川家康はオオクニヌシです。

クリスチャンの方は、以上のことを聞いて、キリスト教のエホバとかヤハウェと呼ばれる創造神と比べると、日本の神様は劣っていると感じたりしませんか。

だけどそうではないのです。キリストやモーゼとは話すことができても、創造神とは話すことができません。人霊が創造神の振りをして話していることは、旧約の神が怒りや妬みを持って人間らしいことでもお分かりでしょう。

ちなみに、人間の全てが神々の霊体だというわけではありません。全く神霊体が入っていない人の方が多いですし、神霊体が入っていても霊体の１０％とか２０％とか、という人が多いです。ただ、自分の神霊体のパーセンテージは、自分の心がけによって増減しますので、努力して下さい。

輪廻転生なのに増える人口

輪廻転生を否定するクリスチャンに以前会ったことがあります。

「輪廻転生があると言うならどうして世界の人口は増えるのか？　説明できないじゃないか」

ということでした。

その時には答えられませんでしたが、今では答えられます。霊体は、分かれることができるのです。肉体でも、一卵性双生児が、お互いとてもよく似ていて、頭も良く身体も丈夫という場合を考えてみて下さい。一つの卵子から複数の人間が誕生するのは特別なことではありません。霊体の場合はもっと簡単です。これを神道系の説明では分霊《わけみたま》と言うのです。

たとえば、アメノウズメやイナタ姫はアマテラスの分霊であり、オオゲツ姫はイザナミの分霊です。日本武尊や神武天皇はスサノオの分霊です。同じ時に分霊があちこちいることがあります。一卵性双生児で性格もよく似ていれば、間違いなく同じ霊体です。兄弟でなくても、前生では一人だった霊体が、今生では自分の知らない所にいるという場合もあります。一人だけではなくて、何人もいる場合もあります。年齢も性も違っていて、別の場所に住んでいるということもあります。特に世界の人口がどんどん増えているときですから、国をまたいであちこちにいる可能性もあります。

それから、地球の霊体ではなくて異星の霊体が入り込んでいる場合があります。だいたい神々と言ってもその素性は異星人です。そう考えると、輪廻転生と人口増加とは全く矛盾しないことがお分かりでしょう。

霊界は分かれている

霊界は天界と地獄界というように上下のランクでも分かれていますが、同じレベルでも、いろいろと分かれています。宗教的な面から言えば、神道・仏教・キリスト教・イスラム教などに分かれていますが、さらにいろいろな宗派ごとに分かれています。無神論者、唯物論者が行く霊界はないというのではなく、やはりちゃんとあります。無神論者や唯物論者が霊界に行って、自分が信じていたことは違っていたと思うかどうかは疑問です。というのは、霊界に行っても、この世と同じ世界があるからです。わたしや主人は、基本的に霊界に行くことを許され

ていませんが、夢を見たときに霊界に入り込んでしまうことがあります。主人があるとき覗いてきて、

「この世と全く変わらなかった。ふつうに生活してるじゃないか」

と言っていたことがありましたが、多くの人はそういう所に行くのです。それで、三次元の世界と同じように家族を持ち、働いたり、食事をしたり、話したりしているわけです。

ですから、無神論者や唯物論者が霊界に行っても、

「やっぱり、あの世などなかったんだ」と思っても不思議ではありません。

特に霊界では同じ考えの人が集まっています。みんながそう思っていれば、肉体を持っていたときよりも間違った考えは強化されるでしょう。

人と殺し合い傷つけ合うような人生を送っていた人は、修羅《しゅら》界に行きます。どこで自分の命が狙われるか分からない人たちが集まっていますから、自分が殺されないためには人を殺さなければなりません。この世と同じ世界が続いていますので、誰もそこが霊界だとは思いません。刀を持ったり拳銃を握ったりして、戦い争う毎日が延々と続いていくのです。

地獄に落ちて針の山を歩かせられる毎日でも、それは現実として続いていきます。皆さんは

日常からかけ離れた地獄に行った夢を見て、

「これは悪夢だ。現実ではない。目を開ければ全てが終わるのだ」

と思って目を開けることができますか？

主人は夢だと分かって目を開けることがよくあるそうですが、わたしはできません。たぶん、他の人も悪夢を見て自分の意思で起きることはなかなかできないと思います。

女人禁制の聖地

「女人禁制の場」というのは、霊的な面でやはりあるのかどうかと会員に聞かれたことがありました。よく分からないので、アマテラス様に聞くと、

「高天原の神々は、そういうことは言いませんが、他の霊体や竜で言うものがいるようです」

というお答えでした。

基本的に、肉体的男女というのは、いろいろな意味で霊体の入れ替わりがあり、男性の肉体を持つ者の半分は女性霊、女性の肉体を持つ者の半分は男性霊だと考えていいのです。霊的な

見地から見れば、肉体の男女の別は仮のものです。ですから、もしも、女人禁制を神々の見地から言うなら、霊体で分けないとおかしいはずです。男性のプロレスラーでも、相撲取りでも女性霊の方はいるのですよ。

だいたい、高天原の頂点に立つアマテラス様が女性であるのに、他の神々が、神域に「女人禁制」の場を設けるはずがないのです。最初の結論は、女性が足を踏み入れることによって、ある場が霊的に穢《けが》れるようなことはないということです。

霊体で肉体の男女の別をやかましく言っているのは、主に天狗の系統です。彼らにも、修行によって神通力を持った者がおりますので、力が強い者はかなり強いのです。強いのは神通力だけでなく、我《が》が強いのです。それで、規則を作って人を従わせることによって、力を誇っているのです。動物霊で我が強いのが竜で、悪竜とは言えないまでも、自分らで規則を作って人に従わせようとします。石見の一宮である物部神社の竜は、特にその傾向があり、奥宮へ通ずる石段を掃除することも、年に数回と定めており、宮司でも勝手に掃除をすると大変なことになります。以前は、主人が写真を撮ることさえ拒否しました。ですから、ふつうの女性が、眷属の竜が「女人禁制」を掲げている所に勝手に入って行った場合、安全の保証はできません。

それでは、どうして女人禁制を一部の霊体も人間も言うのか考えてみると、「男の修行の場に女が入ってきては、修行する男の心が乱れる」ということがあるように思えます。

それでは、このことから、考えて行きます。まず、確認しなくてはならないのは、神々は、男女が対になって人間が完成するように体を作られているということです。

「修行をして悟った」と言いますね。けれど、男女という二つの性があって人間は存在しています。煩悩を取り除くと言いますが、隔離された生活をして、女性と会わないようにするという特殊な情況をつくって悟ったと言っても、それは試験管の中で、純粋培養されているようなものですから、そこで悟ったというものは、人間の生活としては特殊なものです。世の中との接点ができないのです。

わたし達稲田家のことを例にして言いますと、一般に言う「悟った」ということにほど遠いですし、人間的にもまだまだですが、多くの神々や聖人とふつうに会話することができます。どうしてそうなのかと言うと、わたし達が出会って、子どもを設け、家族一つとなって神々の御心に沿って生きることが、最高の修行であり、神の御心に叶っていたからです。

男女の別がはっきりとして、隔離されたような修行がすばらしいと思っている方があると思いますが、それでは、そのやり方で、世の中の人間が全て悟って立派になれば、子どもは生まれず、人類は滅びてしまうのではないでしょうか。つまり、普遍性がそこにないのです。ですから、親鸞《しんらん》のように、高僧にして妻帯するということは、正しい修行のやり方です。ただ、たくさん奥様や愛人を持つ必要はありません。誤解を生じないように言っておきますが、妻帯しない僧は駄目だと言っているのではありません。

釈尊、空海、日蓮など大方の高僧は妻帯しておりません。それでは、この方々が、間違っていたかというと、そうとは言えないのです。どのような見地から自分を磨き、人を導くかということにいろいろな方法がありますが、孤高の厳しい姿で人を導くことも必要なわけです。ただ、全ての人間がやれるものでないし、やるべきものではないということです。

ここで、女人禁制について戻ります。以前、夏に広島に寄って、護国神社を清めたことがあります。その時、わたしの親友が幼い娘さんと一緒に来てくれました。

その時に、一緒に「お参りしよう」と主人が言うと、

「わたしは、今日は駄目なんです」

と彼女は控えめに言いました。つまり、生理だったのです。主人はすぐにそれがどういうことを意味しているか分かって、

「あなたが、そういうことを言われることはありませんよ。ほかの女性がどうあろうと、あなたは問題ないです」と言いました。

実は、彼女は、アマテラスの霊体であり、主人もそれを知っていて言っていたのです。彼女も、霊能力が少々あり、彼女の守護神がアマテラスであることは告げてあります。

どうして、女人禁制の神域があるかということに、「女性には生理があって、男性と比べて穢れている」という考えがあります。

さて、このことも、結論から言いますと、アマテラス様の霊体でなくても、ふつうの女性も含めて、全く問題はありません。生理の時でも関係ありません。アマテラス様が、そうおっしゃっています。なぜならば、生理とは、神々が人間の女が健全な子どもを設けるために、ベストと思われて作られた体の摂理なわけです。

もちろん、それを神域でわざとまき散らしたりしてはいけないのは、神域で大小の用をしたり、唾を吐いたりしてはいけないことと同じです。

わたしも、そういうことには一切かまわず、神社仏閣に参拝します。今まで問題があったことは一切ありません。

ただ、これも全ての場所においてそうかというと、そうでもなく、天狗や竜がそういうことに厳格に規則を設けている場合は、危ないかも知れません。ただ、一般的な神社仏閣では、いということです。それでも心配な場合は、

「稲田家の者が、そう言っているから」

と神社の神々や眷属に小声で伝えて、参拝して下さい。それで問題があれば、責任は全てわたし達が引き受けます。

神社は柏手墓地では合掌

子どもの頃、仏壇に向かって柏手《かしわで》をぱんぱんと打ったりすると、それは神様にすることで、仏様にはするものではないと言われました。

これは音を立てるということが、低い霊層にいる霊体には、とても嫌なことであるからです。

夏の怪談で出てくる幽霊が、賑やかに、

「やあお前たち、元気でやっとるか、一杯やろうじゃねえか」

と一升瓶を持って出てきたら怖いですか？　怖くないでしょう。運動会の時のように元気で賑やかな所は、迷っている霊や低級霊は嫌いなのです。

どんなに名門の家系でも、数代さかのぼると、親類から鼻つまみだった人間も必ずいるのです。ですから、仏壇では柏手は打たないのです。もちろん、低級な霊体は相手にしないということになれば、柏手を打つのもありでしょう。神道系の葬儀の席でも柏手も格好だけで音を鳴らさないのは、そういうことが分かっているからでしょう。

金持ちや社会的地位の高い人々は天国に行けない

特に『聖書』のマタイ伝に出てくる「金持ちが天国に入るのは駱駝《らくだ》が針の穴を通るより難しい」というキリストの言葉をそのまま信ずるクリスチャンなどは、お金を集めるのは悪い行為なのだと思ってしまいかねません。

ただ、お金を全くなくしてしまっては生活できないでしょうから、キリストも最低限の生活のためにお金を稼ぐことは否定していません。ただ程度の問題です。

その程度も、一人がいくらまでと厳密に決められるものではなく、何のためにお金を稼がなければならないかという目標の正しさと、それに見合ったお金はどれくらいかという問題にかかっています。

まず、お金を稼ぐ目的が、自分だけが裕福になりたい、ただ人より金持ちになりたいということでは神の意に沿いません。「お金を使って世の中のために尽くしたい」という気持ちがどれだけ含まれているか、そして実際にお金持ちになってどれだけ実践できるかが重要です。

世界中を見渡すと、一国の代表でありながら、貧しい国民からお金を巻き上げ、自国民や他国民を脅し、また弾圧し、自分だけは裕福に生活しているような政治家がいます。そういう政治家に限って、自分を神格化し、銅像を造らせたりしています。

宗教は霊的なことを基盤にした生活をすることが基本です。お金を必要以上に求めることは、理想的な教えには反しています。お金は霊界には持っていけません。子孫に多くの遺産を残せば、その人の死後、それが元で相続の争いになるでしょう。ところが、日本のいろいろな宗教を見ていると、お金を必要以上に集め、自分自身の銅像を造ったり、自分を讃えることを目的にした式典のために使う教祖や代表がいます。

仏陀やキリストが、そういうことをしたでしょうか？　それらの聖人がもっと長生きしたら、お金を集めて自分自身を讃えるようなことをしたでしょうか？　それは、なかったと思います。霊的な法則に照らした場合、その行為がいかに愚かであるか知っていたからです。

主人が会員に言っていることの一つに、

「もし自分がむやみに金を集めたり、自分を神格化するために金を使ったりするようなことがあれば、それは狂ったということを意味するので、会から去ってよろしい」

ということがあります。今まで、いろいろと霊視したり、除霊したりすることがありましたが、その報酬を要求したことは一度もありません。家を建てて大きな借金を抱えておりますが、それをすることは、神々からも固く禁じられております。会員になりたいと言う人がいたら会員になることもできますが、会費を徴収したことはありません。

社会的地位の高いということと、天国に行けるかどうかということとも関係がありません。ただ、お金持ちと同様、失敗することが多いのです。その原因は、社会的地位が高いことが、そのまま自分が偉いことだと思ってしまう人が多いからです。そういう人は、人に対して横柄に振る舞うことが多いのです。

社会的地位が高ければ高いほど、それだけ責任は重いのです。ふつうの人間よりも多くの役割が課されているのです。その地位を利用して、有能で正しい志操の部下を引き揚げ、よりよい国家や社会を築くことに貢献するということです。世の中は正しいことだけで動いているのではありませんから、その地位を得るために裏であまり清くないお金を使うこともあるでしょう。しかし、高い地位を得るその目的は、正しいことを行うためにその地位を利用するということでなくてはいけません。

地位がある人の大きな罪は、天から大きな使命を受けた、自分よりもはるかに霊的レベルが高い人を、その社会的地位を利用して弾圧してしまうことです。しかし、ふつうの人はそれが誰なのか見分けることができません。ですから、ある程度大きな徳の備わっている人が社会的に高い地位を得るべきなのです。少なくとも謙虚でなくてはいけません。その点、貧しく社会的に高い地位についていない人は、日々真面目に偏見を持たずに生活していれば霊的には大きな失敗はないでしょう。

第五章　風水と陰陽道の話

風水という考え

初めに風水の考えについて説明しようと思います。風水術は基本的に国家や都市の建設をする際に、それを霊的な面から見て是非を決め、河川を整備し建築物を配置していくなど、壮大な規模の易であると言っていいでしょう。

さらに具体的に言えば、風水はいかにして竜をおさめるかということにかかわっているのです。竜とはこの場合、地竜のことを言います。地球（大地）は生命体です。気が集まる所に地竜が産まれるのか、地竜がいるから気が生ずるのかはよく分かりませんが、風水的にいい場所というのは地竜がその下にいます。

その竜を法則に従ってきちんとおさめなければなりませんし、その法則こそが風水です。阪神淡路大震災は、明石海峡大橋建設の際に地竜の目に橋柱を打ち込んでしまったことが原因で起こりました。それは、わたし達が淡路島にいる地竜と話して分かったことです。目に橋柱を打ち込まれた地竜が、それを外そうとして暴れたのです。

風水のことについては最近いろいろな人が書いていますが、霊能者でなければ、本当のことは分かりません。ただ、基本はありますので、ある程度のことは分かるでしょう。方位と家屋の配置は各家でも大事ですが、色についてこだわるのは意味がないとは言いませんが、それほどのことはないと思います。

家相の吉凶

家相については昔からよく言われています。また、風水の立場から家屋の吉凶についていろいろと書かれている書物を多く見かけます。風水は国家や都市の建設を霊的な観点から、その法則にのっとってすることが基本で、本来は規模が大きいのですが、それを小さくまとめることもできないわけではありません。小さくまとめていくと、家相を論ずる場合とほぼ同じことになってしまいます。

まず、土地の持つ霊的レベルが、その立地条件の良し悪しの基本になります。自然に恵まれ、風光明媚な場所は、気が高くなっています。さらに過去にその土地が何に使われていたか、できうる限り、古い言い伝えや文献などで調べます。殺人が起こったり、墓地であったりした所は、気が落ちていると思っていいでしょう。また、道路であった所も、他の場所より事故など不幸なことが起きている可能性が高いといっていいでしょう。

何か不幸があった場所に家を建てなければならない場合は、お祓いを徹底的にするべきです。いい加減なことではいけません。主人が「自分が祓うから、むしろ、自殺者がいたり、殺人があった場所を捜して安く住んでみよう」と言っていたことがあります。なるほど、主人ならば、そこに残っている霊を霊界に帰すことはすぐにできますが、しばらくの間は、恨みや悲しみの念が、その土地にしみついていて、日常生活に影響を与えてくるのです。

鬼門（北東）と裏鬼門（南西）を繋げたところは鬼門線と言い、魔が入り、出て行くラインです。そこに、不浄なもの、たとえばトイレやゴミ捨て場を設けたりすると、魔の力が増幅します。ゴミがなく清潔な街より、不潔でゴミだらけの街の方が犯罪が起こりやすいことは、人間の心理からもお分かりでしょう。家の中、どこもできるだけ清潔にして気を乱さないことは大切ですが、鬼門線を不潔にして乱すと、魔の通路ですので、悪が増殖することになるのです。

風水四霊獣について

風水四霊獣について聞きたいという方がおられましたので書きましょう。ふつう、青竜《せいりゅう》、朱雀《すざく》、白虎《びゃっこ》、玄武《げんぶ》のことを「風水四神獣」と書いてあったりしますが、こういう呼び名は我が家ではしません。高天原の神々以上の霊格の方しか「神」という呼び方をしないからです。いくら霊界で力がある獣でも、高天原の神々より霊格は下であり、はっきりと区別をせねばならないからです。

風水では、都を造る場合に、青竜（東）朱雀（南）白虎（西）玄武（北）が守る地を探すことから始まります。

平城京は奈良の大仏など当時の国家予算からすれば、信じられないようなお金を使いながら、百年を経ずして都から外されてしまいます。その後、いろいろな曲折を経て、平安京に遷都され、以降、一千年以上もの間、京はわが国の都となるのです。

その地に遷都された理由は、風水に適《かな》った地であると、報告するものが多かったからです。興味がある方は知識としてご存知でしょうから、ここではそれについては書きません。

わたしが書こうとするのは、実際にこれらの獣はいるかということですが、答えは「一応います」ということです。

「一応」というのは、意味があって、そういう姿の霊獣がずばりいるということではないという意味です。「土地は地竜である」というような意味です。実は、この風水の四霊獣は、本当のことを言えば、すべて地竜です。

「ええーっ！？」

と思われる方がおられると思うので、説明します。

「それが実際に巨大な肉体を持ったことがある。それが恐竜である」

とまずは言っておきます。

現在の研究でも、鳥の始祖は、恐竜の中で翼を持った翼竜であるということが、明らかになってきました。その竜の姿を変えた姿が朱雀です。

玄武は亀とヘビ二つの姿で描かれています。でも実は亀とヘビではありません。恐竜で、首の長いヘビのような首を持ったものがいますでしょう。その姿なのです。古代中国で首長竜をイメージできなかったから、あのような姿に描かれたのです。

白虎も、虎なら今でもいますでしょう。実はその虎ではなくて、恐竜の中でも、首の短いずんぐりしたのがいますでしょう。そのことを言っていると思われたらいいです。恐竜の図鑑を見られて「これだな」と思うものを探されたらいいです。青竜は、実際に竜の姿だということで、そのままです。

なぜ、そこまではっきりと言えるかというと、四霊獣に声をかけても、白虎や玄武については、返事もしないし、アマテラス様に聞いても、

「人間の作ったものでしょう」と返事されるからです。そして、

「みんな地竜のことですか？」と聞くと、

「そのようです」と答えられるからです。

ただ、朱雀だけは、実際に似た姿の始祖鳥がいたせいもあってか、自覚があって返事をすることが多いです。以前、京都の朱雀に声をかけたのですが、返事がなくて、主人が怒鳴っていたら、

「すいません、寝ておりました」としばらくして、返事をしました。地竜の多くは、寝ているのです。

いろいろと話しましたが、京の西にいる竜に「白虎」、北にいる竜に「玄武」という名で常に呼んで自覚させれば、返事をするようになるでしょう。

地竜と言っても、そんなに珍しいものではありませんが、彼等の存在を考えて都を造るということは大事なことではあります。

麒麟の正体

麒麟は「キリン」と読みますが、もちろん動物園にいる首の長い動物ではありません。聖人の産まれるときに現れるという霊獣です。

主人が天体観測の関係で親しくしている方と話していて、風水の四霊獣が竜であるということを話したそうです。するとその方が、

「それならば、麒麟もそうではないでしょうか？」

と聞かれたそうで、わたしが仕事から帰ると、すぐに聞いてきました。

「そうだよ」

と答えると、主人はその場で、ダイニングルームに麒麟を一匹呼び出しました。麒麟ビールのラベルに貼ってある麒麟と、なるほどよく似ています。

主人　お前は、竜かね？

麒麟　そうです。

主人　ところで、霊界でもそういう姿でいるのかね？

麒麟　だいたい、こういう姿です。時々、竜の姿に戻ります。

やっぱりね、そうでしょうね。いろいろな霊獣の正体が竜だったということが、次々と分かってきて、わたし達の夢を読み解いてみると、竜が関係していることも多いのです。

こういうのに乗って遊んでみたいと思いませんか？　平成十五年夏ですが、山口県の萩に来るように霊界から言われて行ったことがあります。清めの後、萩城の堀にいた竜が喜んで、娘達二人が帰る前にホテルのプールで遊んでいるとやってきて、プールの中ではねたり、ぐるぐる回ったり、娘たちを背に載せたりしていっしょにはしゃいでいました。ただ、霊体なので、娘たちの肉体を載せて肉体として移動することはできないのですけどね。

地鎮祭の意味

地鎮祭はなぜするか分かりますか？　読んで字のごとく「地を鎮《しず》めるため」です。地を鎮めることは、最終的には「地竜を鎮める」ことを意味します。

竜は機嫌がよくても、自分が気に入らないことが少しでも起こるととたんに、気難しくなるのです。「逆鱗に触れる」という諺《ことわざ》も、そんな竜の性質を言い当てているのです。

逆に竜がこうしてほしいということを、手続きを踏んできっちりとやれば、それほどに恐ろしいものではありません。

土地には、長い歴史の中で、そこで不幸が起きていることもたくさんあります。竜も含めてそこに残っている霊を鎮めることも大切です。ただ、ふつう神主さんがやれば、悪霊や地縛霊については、霊界に帰すというより、そこから追い出すことになります。

地鎮祭では、竹・縄で囲いを作り四手をつけて、降神詞《こうしんじ》・祝詞《のりと》・祓詞《はらえことば》・大祓詞《おおばらえことば》などを唱えます。降神詞とともに、祓いの神が降りてこられます。そして、祝詞などの言霊の霊的パワーも加わって清められるのです。そして最後に昇神詞《しょうしんじ》を奏上して神々にお帰りいただきます。

ここで、どれだけ清められるかは神主さんの霊的力が左右します。心清く、きちんと修行されている神主さんは、そうでない神主さんより、より強力な神々を降すことができます。人間ができていない神主さんがやっても、祓いの神は来ないか、いったん来たとしても嫌がって帰ってしまいます。いかに神々を称える祝詞であろうと、低レベルの神主さんがやれば逆効果なのです。

それは、いつも悪いことを考えている人間が、突然口先で立派なことを言ったとき、あなたがどう思うか考えてみたらいいでしょう。

心にやましいものがある人間は、祝詞などを唱えたら逆効果です。分不相応なことをやり、さらに神々を誑《たぶら》かしているということになるからです。その土地に住まわれる方々も関係してきますから、神主さんだけのせいにはできませんけどね。

わたし達の家の地鎮祭のときは、主人がやりました。祓いの神だけで百神、その他の神々が四百神、合計五百神が来られて、清めて祝っていただきました。地鎮祭が終わったとき、アマテラス様がにこにこしていらしたのが印象的でした。

そして、その地に竜を呼んで守らせることになり、家を建てた後も、その竜は家を守っています。ヒモロギは物質的にはなくなっても、霊的に見ると、立てた所に今でもあります。今でも家の中央に、霊眼で見るとちゃんとあるのです。

戦後の日本で、「公の場で地鎮祭をすることは政教分離の原則に反する」ということで、最高裁までもつれ込んだことがあります。幸い「地鎮祭は宗教行事と言えない」という判決が出たのですが、地鎮祭を宗教と言ってはねえ…、違いますよ。実際に、今言ったようになっているんですから。

様々な竜たち

米子の賀茂神社に行ってきました。この神社も、近年道路拡張の影響で少したたずまいが新しくなったような気もしますが、元々は米子城の鬼門の守りとなっていました。

この神社に行って、神々と話をしたり最近のことを報告したりします。この井戸の水は米子の三名水のひとつで、伝説の井戸でもあり、中には竜がいます。

それで、主人が行って

「おい、どんな具合だ、顔を出してみろよ」と言うと、雄と雌の夫婦の竜が、ちょこんと顔を出して挨拶します。初めて会ったときには、

「可愛い！」と思わず叫んでしまいました。

だいたい、竜は雄と雌で仲がよくて、善竜だけでなく悪竜でも夫婦でいることが多いのです。神社を占拠していて、わたし達が来るのを知って逃げ出した竜がいる場合、主人が怒って呼びつけて罰することがよくありますが、呼びつけると雄竜が一匹だけ来ることが多いのです。初めは一匹だけかと思っていましたが、雄竜が雌竜をかばって自分だけが来ていたのです。こういうのを見ていると、悪いことはしてるのだけど、

「なんかいいなあ〜」って思ってしまいます。

本題に戻りますね。一応わが家の竜の種類として、地竜・水竜・天竜・人竜とあります。

●地竜

地面の下にいますが、特に呼吸をする竜の顔の部分が大事です。顔の部分が霊的スポットで、気のいい最高の場所ではあるけれど、扱いで一番怖いのがここです。下手に人がその場所に手

を加えると、災いが発生したり、関係者が病気になったりします。そのため、その場所に神社を建てて聖域として扱うことが多いのです。そうすれば地竜も気をよくして、その地域も平和に収まることに繋がるのです。

● **水竜**

特に水に関係した所にいます。小さい所では池ですが、湖やきれいな大河、それから滝なんかにもいますし、温泉も竜が好んでいる所です。もちろん海にはたくさんいます。マイナスイオンが体にいいというでしょう。竜もそういう所が好きなのです。そして竜がいると気がよくなって、余計にいいのです。

● **天竜**

空の高い所にいる竜です。山岳地帯で、山に巻きついていたりします。神々が乗って移動に使われたりします。

● **人竜**

わたし達が名づけている人竜は、人の所にいる竜です。人の体の中に入っていたり、巻きついていたりします。だけど、こういうのは悪いやつも多いのです。みんなではないけれど、竜が入っている人は竜の顔になっていたりします。

竜というのは、霊界では一般的な動物であることは、犬と同じです。犬は手の平に乗せられるような可愛いのもいれば、猛獣を倒すような荒々しいものもいますよね。竜もいろいろです。

「竜を見たら縁起がいい」なんて思われるかも知れないけれど、関係ないですね。

「今日は、犬を見たから縁起がいい」と皆さんは思われないでしょう。それと同じです。

水竜（ここでは海竜と言ってもいいのですが）のボスになると、とても大きくなります。霊体は、大きさはある程度変えられるのですが、日本海や太平洋の竜のボスになると、最長の時には百キロメートルにもなります。こうなると貫禄があって、以前、呼び出したときは、小さくなって、それでも一抱えもあるぐらいの顔を窓から入れてきて、

「もっとしっかりなさらないといけません」と主人に説教をして、主人も、

「はい、すいません」なんて感じで。

このくらいになると、竜もなかなかの貫禄なのです。

本書を書いている日、仕掛け（清め）が完成すると同時に、米子は雨になりました。善竜が

喜んで雨を降らせたのです。せっかく祝ってくれているんだからとそのままにしておきました。そうしたら、まだ降っています。

天竜は、善竜も悪竜も雨を降らせる力を持っています。陸上の選手が、走りたくてうずうずするように、何か機会があれば雨を降らしたくてたまらなくなるのです。

それで、今まで風水の基本は地竜だと言いましたが、実は天竜、水竜も考えなくてはいけないのです。そして、人竜も含めて悪竜は締め出さないといけないわけです。

池の竜

池を庭に作ることは風水や家相ではあまりよくないように言われています。基本的に池そのものが悪いというわけではありませんが、それでも北から北西、鬼門・裏鬼門はとりわけ避けた方がいいでしょう。北から北西は神々に関与する大事な方位、そして鬼門と裏鬼門は、静かにしておかなければならない方位だからです。

そしてそういうところに、少し性格の悪い水竜が、住もうとすることが多いのです。水竜が住むこと自体は悪いことではありません。しかし、池を汚したり、その周りの木を切ったりすること、特に怖いのは、池の管理が難しくなって埋めてしまうことです。竜が怒ることになるからです。

その結果、家族が事故を起こしたり病気になったり、事業で失敗するようなことが起こってきます。

ですから、そうならないためには初めから不用意に池は作らないことです。水溜りのような池でも、竜が気に入れば住み着くので要注意です。

しかし、我が家はそういうことは心配ないので、主人は作りたいように言っています。竜が池で遊んでいるのを見るのも楽しいものです。池をつぶさないといけない状態になれば、竜と話して、新しい住処《すみか》を見つけてやればいいのです。

古い井戸にも、竜がいることは多いです。昔の人は「水神」と名付けて、井戸の周りは汚さないようにして祭ったりしていましたが、経験上恐ろしいということがよく分かっていたんでしょうね。

植物の効果

家相で、家の弱い部分、たとえば「欠け」などを補うのに、植物を使うというのがあります。植物は生きています。いい人が来ると、部屋が明るくなるように、いい植物を置くと部屋が明るくなって、気がよくなるのです。

家相でマイナス面が大きい家でも、植物を置くとまあまあ補えるところがあるわけです。それから、こんなこと言うと、嘘だと思われるかもしれませんが、観葉植物くらいでしたらわたしは会話ができます。

「水がほしいです」「土が硬いので苦しいです」「枝を切ってください」くらいですけどね。ゴールドクレストという植物を置いていたのですが、以前、忙しくして水をやることを忘れていたら、遠慮して言わないものだから枯れてしまいました。ごめんなさい。以前は「水が欲しい」と言っていたので安心していたのです。

柳は凶木だとよく言われるので、近くの柳の霊体と話をしていたら、「自分たちは悪くないですよ。そう思われるだけじゃないですか」と言っているのです。

結局、柳が悪いのではなくて、霊体が好きになって寄り付くことがあるわけで、それで凶木と言われてしまうんですね。池が凶だというのが竜のせいだというのと同じです。

わたし達は、霊体は怖くないので、

「あら、柳の下にいらしたんですか。お話をおうかがいしましょう」

なんて感じだけど、ふつうはそうならないですものね。彷徨《さまよ》っている霊体が来ると、やっぱり気は落ちるのです。

結論としては、あなたが好きな毒のないさわやかな木を植えて、毎日話をしたらいいですね。特に一人暮らしだったらそうしたらいいです。あなたの話を聞いてくれてますよ。

明るい前向きな話をするのです。

地竜って

昨日（平成十七年十二月十六日）の朝、主人が風邪を引いたらしく、軽い頭痛と腹痛がするというので、先日買っていた風邪薬の錠剤を取り出しました。

一応、定められた分量を飲んでから、説明書を読んでいると、

「おい、地竜が入っていると書いてある」と言います。

「時々、入っているものを見かけるよ」

「しかし、うちで言っているあの地竜ではないだろう？」

読者のみなさんはもう分かると思いますが、わたし達の言う地竜とは、風水でいう大地の下にいる巨大な竜の霊体です。水にいる竜を水竜と名づけている関係上、地竜と名づけて区別しているわけです。

「なんか、気になるな」と言いつつ、主人はインターネットで調べ始めました。

結局、出てきたのが、

「地竜：蚯蚓《みみず》のこと…」

「うえっ、ミミズ、やっぱり、道理でおかしいと思った」

と主人は、よけい苦しそうな顔をしています。

わたしはよく知りませんが、子どもの頃、小川で魚釣りをした関係上、餌にしたそのにおいをよく知っているらしいのです。

漢方でそう言うのでしょうけど、けどねえ、人が分からない名で書かなくとも、「蚯蚓《みみず》」と書くべきでしょう。だけど、そうしたら買う人は激減するでしょうけど。「地竜」と言うと、なんかありがたい秘薬を飲んでいる感じになりますもんね。

この蚯蚓って、愛飲している人は多いとも聞きます。健康にはいいんだよねえ、きっと。アマテラス様に主人が聞くと、まんざらわたし達が言う地竜とも無関係であるような、ないような。

主人は、今の仕事がだめになったら、蚯蚓を大量に飼って売り出すなんてことを半分冗談で言っています。

陰陽道の話

主人は「風水師」「陰陽師」などと名乗っていますが、風水師はまあいいとしても陰陽師というのは、日本の律令制下の官職なので、主人は偽物だとも言えるでしょう。

ただ、何をやっているか聞かれた時に「風水師」「陰陽師」と名乗ると、多くの人がピンとくるので、そう言っているだけです。

あまり詳しいことは言えませんが、陰陽道は、特に平安時代では科学です。中国の陰陽五行説が日本に入ってきて、神道と結びつき、陰陽道が完成されます。陰陽五行説とは、この世が陰と陽の関係によって成立しているとし、「木・火・土・金・水」の五要素がその基礎を為すのだとします。

人間にも男性という陽と女性という陰があり、「木・火・土・金・水」はわたし達の生活には不可欠のものですし、わたし達はそれらによって成り立っているとも言えます。そして「日」「月」を含めて、「木・火・土・金・水」は一週間の曜日を形成し、それらは全て太陽系の星に当てられているのです。

地球そのものとわたし達は結びついており、地球は、天体の影響を強く受けます。これが、洋の東西を問わず、占星術の基本的な考えであり、そう考えることは今でも科学的だと言えるのです。

平安時代、陰陽道は、天文・地理・医術・暦法なども含めた総合的な学問であったと言えるのです。そして、そう考えることは、わたし達稲田家の状態から見た場合、間違ってはいません。現在、陰陽師というと安倍晴明の名で、中学生でもよく知っているようになりましたが、特に霊的な部分がクローズアップされています。そして、霊的な部分を解釈し、霊的な部分からこの三次元的な問題を処理するというやりかたも、稲田家から言わせると、合理的・科学的なやりかたなのです。

ところで、すでに話しましたが、安倍晴明は霊体として、我が家にもよく呼んで話をしています。もちろん、安倍晴明役の俳優ではなくて、平安時代の本人です。どういう姿をしていらしたかということも分かるのですよ。そう、当時の服装でこられますからね。後世にも名を残すひとかどの人物であっただけに、なかなかの風格ですが、あまりそういうことを話すといけないかも知れません。

映画『陰陽師』のおどろおどろしい世界を見て、どう思われるか知りませんが、実際の霊的世界はもっともっと凄まじいものなのです。そして、この世で起こることは霊界でまず起こっていると考えていいのです。地震・津波・台風・干ばつ・戦争・紛争・経済破綻など、霊界で防衛を失敗したことが、現れてくると考えてください。そのことを映画『陰陽師』は、それとなく教えてくれています。

話が外れてきましたが、陰陽師と名乗っていても、なんかおかしいことを言っていたり、一人や二人の霊体に手こずっているような方をテレビで見ますが、これではちょっと危険でしょうね。主人が、陰陽師と名乗っているのは、それに当たる職業が他にないからで、主人のことを陰陽師だと思って頼ってこられた場合も、お役に立てると思っているからです。

呪いの神社

山の上の方にある人里離れた神社に行くと、時々、境内の木に錆びた五寸釘が打ちつけてある所を見ます。誰かが、人を呪ったのです。人が寝静まった深夜に、藁《わら》人形に呪う人間の名前を書いて木に打ちつけ、その藁人形の胸や頭に恨みの思いを込めて五寸釘を打ちつける、という誰でもが知っている呪いをした跡です。藁は早くに腐るので、釘が幾本も幹の部分に打ちつけられたまま残っているのです。

神社には基本的に神々が祭られています。しかし、人が、呪いの儀式をやり始めると、神々の思いと波長が合わなくなり、神々は居づらくなって去り、代わりに魔物や悪竜、性悪ギツネがおさまります。人がそうした呪いの思いで祈り、藁人形を打ちつければ打ちつけるほど、その悪念を吸い取って、魔物たちは力をつけ、また次々に新しい魔物が集まってきます。

岡山県の北西部の山間に、育霊《いくれい》神社という、テレビでも報道された全国でも有名な神社があります。ここで呪えば、必ず相手は死ぬというのです。平成十六年の二月のことですが、読み解いてみると、数百匹の魔物が居座り大変な情況になっていることが分かりました。また、大山《だいせん》の霊系を発展させるのに、そこが大きな障害になっていることが分かりましたので、まず、そこの魔物たちを自宅の庭に呼んで、霊界に改心して帰るように説得し、それでも言うことを聞かないものは、主人が無理やり霊界に帰しました。帰したつもりでも、そのころは、今と比べて主人の力も弱かったので、玄関の外に出ると、木々や車の陰に、帰したはずの魔物が何匹もかたまって隠れていて、わたしは驚いて逃げ帰るというようなことがありました。

仕方がないので休日に、主人の車で、小学生の下の娘と、まだ幼い息子を連れてその神社に出かけました。宮司とお話し、宮司自身も「呪いについてはよくない」と言われるので、それでは、完全に封じてしまおうと、主人と娘は一時間近くかかって山に登りました。呪いをする神社は、麓にある下宮ではなく、山頂にある奥宮だからです。

山に登ってみると、鬼の姿になっている老いた男と女の魔物がまだいて、「ここまで来られては観念するしかない」としぶしぶ帰ったそうです。

その時に、小雨が降り始めましたが、ふと見ると松の幹に、今しがた打ち付けた藁人形があり、その頭の部分に若い女性の写真が張ってありました。そして、その顔の部分を貫いて、五寸釘が打たれていたそうです。打った本人がそのあたりに隠れていることが分かったので、知らぬ顔で降りたそうですが、後で読み解いて、これは、自分の恋人を親友に取られた若い女性がやったことがわかりました。

しかし、その呪いの思いは遂げられなかったでしょう。魔物はもう一匹もいないのですから。主人は魔物の代わりに、タケミカヅチ、タケミナカタ、フツヌシ、アメノワカヒコなど力の強い神々にその神社を守らせましたので、魔物も簡単には奥宮を奪還できないでしょう。

呪いをする人間のほとんどが女性だと宮司は言われました。つまり、ほとんどが恋の恨みなのです。ここで考えてみましょう。自分の恋人が他の女性に取られたとして、悪いのはその女性でしょうか？　いろいろなケースがあるかと思いますが、この場合も呪いをかけた彼女に足りないところがあるから、彼は恋敵の女性を選んだということが分かりました。そういう場合、結局、悪いのはふられた自分なのです。自分が悪いのに相手を恨み呪えば、必ずその念は自分に返ってきます。

もし彼が自分の素晴らしさを分からず、他の女性の方に行ったとしましょう。それなら、自分の良さを分からぬ男性にいつまでもしがみつくより、自分の良さを分かってくれる男性を見つけることに努力すべきです。

呪いというのは、霊的に見ると、魔物たちに自分の魂を売って、その仲間入りをすることなのです。

眷属を拝むこと

ここで眷属の意味を今一度確かめておきましょう。『広辞苑』を引いてみると、

①「一族」「親族」という意味の次に、

②「従者」「腹心」のもの…という意味が書いてあります。

神社のことを語るときに、眷属とは竜やキツネやヘビなどのことを言いますが、②に入りま

す。ですから「家来」とか「しもべ」と言ってもいいでしょう。

ところが、そうでないように思っている参拝者も多いのです。稲荷神社に参る人で、キツネを拝んでいる人が多いのですが、キツネは眷属です。それでは、誰がいらっしゃるかというと、どこの稲荷神社でも、オオトシという男神とオオゲツという女神がいらっしゃいます。稲荷神社に参拝するということは、この二神を拝んでいると思わなければなりません。

しかし、キツネを拝んでいると人が思うと、キツネたちは人間よりも自分たちは偉いと思い上がります。これは異常なことなのですが、そうなる理由もよく分かります。人間が、金持ちになりたいという現世利益的なことを求めるからです。お金を儲けて、それで人を助けるような事業をするというならいいでしょう。しかし、ただ単にお金を儲けて贅沢な生活をするという私的な目的だけで祈る場合、直結するのはキツネ、しかも悪戯ギツネです。油揚などを供えて、キツネを有り難いと思うことは、おかしいと思いませんか。立派な人のお宅に伺い、庭先にいる番犬に餌をやっただけで帰っているようなものです。

これは、竜にしても同じことです。竜は、キツネと違って力の強い猛獣です。キツネが番犬だとすれば、竜はライオンやワニ、大きいものでは恐竜のような猛獣にたとえられるでしょう。

しかし、手を合わせて祈る対象ではないのです。

竜はプライドが高く短気です。そして、天竜は雲を呼び、雨を降らせる力を持っています。ですから、雨乞いをする人間は、竜に祈らざるを得なかったことはあるでしょう。竜も、神様として人間から祈られると悪い気はしませんから、雨を降らそうという気になるのです。全国にはどんなに晴れていても、祭りの日には雨が降り出す神社があります。竜が喜んでやるのです。ところが雨を降らせる祈りはあっても、雨を止める祈りは聞いたことがないでしょう。竜が気分よく雨を降らせている時に、「止めろ！」と言われれば、プライドの高い彼等はたちまち不愉快になり、人間に禍を及ぼしかねないからです。

出口王仁三郎も言っていますが、もともと人間の霊的なレベルは、竜よりも上です。人間の霊的レベルが落ちたから、全体的に竜より下になっているように見えるのです。

もちろん、人間であっても神の領域にいる人は多くいますし、その反面、キツネ・ヘビよりも下の領域に属する人も多くいます。それは、人間が自分の人生をどう生きるかという選択をできる権利、自主決定権が認められているからです。

「いかに、地球を形成している巨大な竜でも、本来は人間よりも下だと考えるべきです」

とアマテラス様がおっしゃったことがあります。
竜は猛獣だと思って、あまり刺激しない方がいいですが、わざわざ拝んではいけません。放って置けばいいのです。また、ワールドメイトなどは、キツネを異常に恐れていますが、わざわざキツネに向かって拝むようなことをしなければいいのです。

読者の皆さんは気付かれたと思いますが、主人は眷属に対しては、わざとぶっきらぼうな口調で話しています。それは、彼等が人間よりも偉いと思って増長してはいけないからです。

＜本来あるべき霊的序列＞

（上）神＞人間＞竜＞キツネ・ヘビ（下）

＜現在の平均的霊的序列＞

（上）神＞竜＞人間＞キツネ・ヘビ（下）

＜眷属を拝む人々が思っている序列＞

（上）神＝竜＝キツネ・ヘビ＞人間（下）

霊的序列の図

神々の力と清め

本書を読んでいて「神々自身がしっかりと眷属を治めるべきじゃないか」「悪戯をする眷属を罰したらいいじゃないか」と思われた方もいらっしゃるのではないかと思います。

ところが、実は多くの神々が、それができないのです。なぜできないかと言うと、力がないからです。

それは、譬えれば学校の組織です。校長以下、人の良いおとなしい教師が揃った高校に、不良の生徒が集まっているような情況だと考えたらいいです。先生が注意しても生徒は、

「うるせえ、先公、怪我したくなかったら黙ってろ！」

と勝手なことをしているとしましょう。それで先生は生徒達の親に連絡を取って、家庭の方でなんとかしてもらおうとします。

しかし、「うちの子が不良だなんて、素直ないい子ですよ。先生こそうちの子を不良扱いにして、いい加減にしてください」と反論を受けます。また地域の人々も「あの生徒たちは立派だ。小遣いをやったら学校休んで仕事を手伝ってくれた」と反論します。

これでは、何の解決にもなりません。その保護者や地域の人々の役を神社でやっているのが、眷属を神様扱いする肉体を持った人間です。町長や教育長役と言うべきその神社の宮司が、それを治めるだけの力を持っている場合はいいでしょう。しかし、宮司自身に力がなかったり、宮司自身の言動が眷属を増長したりしている場合もあります。

こうなったときには、外部の力を利用しなければなりません。これは、たとえば外部講師やひどい情況のときには警察です。

これが神社にあっては清めをする参拝者になります。清めとは、神社内の力ではなく、外部からの力を注入することによって、神々の権威を取り戻し、力をアップさせる術なのです。

それは、単に力づくで屈服させるというのではなく、霊界の法によって治めるのです。それは、まず神々の下の眷属が、神々の指示に従って動くという状態にするというものです。神社の秩序が回復されていくと、その土地の人間の秩序も回復していくのです。

神々から御利益を得るのではなく、神々の力を回復するための手伝いをするのです。それは、ただ参拝するというだけでは足りません。霊的な原理を知り、その原理に従って動くのです。この本を読むことによって理屈が分かり、それに従って行えば、その力は千倍にも万倍にもなるのです。

神々の霊体を持っている人間はたくさんいます。たとえば、あなたがオオゲツ姫の霊体を持っているとします。あなたは肉体を持っていますので、オオゲツ姫その方よりも百倍から千倍、それ以上の力を発揮できるのです。

第六章　清めの仕事

世界最高峰である鳥取県の大山

鳥取県の大山について、出口王仁三郎は「富士山より高い」（著書『新月の光』）と言いました。実際に、霊山としての重要性から見ると、現在大山は富士山よりも高く、さらに世界最高峰だと言っていいのです。

この山を中心に、世界的な規模の霊的な仕組みができあがりつつあります。神々が常に数百神おられ、時によっては世界中から数千神も集まられる場所なのです。

標高はそれほどではありませんが、その荘厳な雰囲気はまさに秀逸で、山の中腹には、巨大な竜がぐるりとまきついています。その竜が顔をすえている大神山神社に行くと、オオクニヌシを代表としていつも大勢の神々が出迎えてくださいます。

鳥取県の大山（著者撮影）

大山に限らず日本の名山は、太古より信仰の対象でした。神々が降臨されるということで、山自身が神の扱いを受けても来ました。富士山の八合目より上は浅間神社の境内となっています。なぜなら、高い所に行けば行くほど、悪竜や悪霊が作用しなくなり、より神聖な場所になるからです。

霊的現象がわたし達家族内で起こってから一年ばかりは、霊障で苦しめられました。起きている昼だけでなく、夜寝ていても霊夢を見るのです。恐ろしい夢に驚いて起き、主人を起こすと、主人も同じ夢を見て苦しんでいたということはしょっちゅうで、そういうときにまた寝ると、夢の続きを見て苦しむことになりました。

平成十五年の春に、家を建てるということで、旅行がてら神戸にモデルハウスを見に行ったことがありましたが、その時に高層のホテルの上階近くに泊まったら、二人とも全く霊夢を見なくて不思議に思ったことがあります。聞いてみると、悪竜や悪霊は霊体が重くて、高い所には行くことができないということでした。

高い山に登るとすがすがしい気持ちになるのは、空気が澄んでいるだけではなく、霊的にも澄んでいるからなのです。そういう妨害がない所で、神々は集会を持たれるのです。

自然災害が意味していること

最近、日本および日本の領海、特に太平洋側一帯の火山活動が頻発していることは、改めて言うまでもありません。

どうして火山活動が頻発しているのか？　簡単に言うと、地球内のエネルギーが、鬱屈《うっくつ》しているからです。ひとことで言えば、地球は生命体だということです。人間の血液と同様に、海水もマグマも石油も地球の体液と考えたらいいでしょう。

人間でも虫に刺されたり、異物が皮膚の下に入り込んだりして化膿した場合、いずれはその膿は破れて外に流れ出します。地球もいろいろな異物が体に付着したり体内に入り込んだりしたら、そこが膿んで、それを流し出そうとします。そういうことがなくても、人は汗を流したら疲れと汚れを取るために、シャワーを浴びたりお風呂に入ったりします。それが火山活動や地震や津波、洪水などであると考えられます。基本的には地震や他の災害は、ある期間が経てば起きるものなのです。

人間が環境面で悪くしているところ、また精神面でも不調和で悪いものを多く生み出しているようなところは、地球意識もそれを取り除きたいと思います。それを水や風の力でやるのが台風や水害なわけです。

ですから、地球にそうさせないためには、地球が病まない環境を人間が整備していくことです。そうすれば、天災は小出しに起こって壊滅的なことは少なくなります。ただ残念ながら、今は普通の方法では間に合いません。スピリチュアルな方法で土地を清めるのです。

土地の清め方

土地の清め方には、いろいろと方法はありますが、ここでは、誰でもできる方法をお教えします。簡単に言えば山や神社を使うのです。

その土地を、一度に広い範囲で清めるには、その土地の中心を清めた後、鬼門と裏鬼門にある山や神社を参拝によって押さえてしまうことがあります。押さえる方法で一番いいのは、山であれば、できたら頂上まで登り、神社であれば、実際に行って祝詞や祓詞を唱えることです。

ついでに、北東や南東にある山や神社も押さえれば、その土地を四角で囲うことになります。これでかなりの効果が期待できます。そこまで時間がないときは、神社に手を合わせ、できればその土地の周囲を車でも歩いてでもいいので、ぐるりと回って、囲ってしまうことです。これで、悪いものはかなり入りにくくなります。

こういうことは、霊的に相当な力がなければ、効果はないとふつうは思われるでしょうが、ふつうの人でも、清めようとする純粋な思いがあれば、やはりかなりの効果は期待できると言えるでしょう。

ただ、誰でも大きな効果がでるというわけではありません。まず心が清く、自分のことだけでなく、多くの人々、国や世界の平和を祈ることができる人です。さらには、霊界を信じ、神々を敬い、霊的な生活を送ることができる人です。霊的な生活というのは、霊能力があるかどうかではなく、神々の意思に沿った生活を送ることができる人です。

それができているかどうかは、自分の心に問うてみれば分かると思います。自分に利益にならないことでも、人に褒められなくても、あなたは善いと思ったことを進んでできますか？ 人に褒められることを前提にやっている人は、結果自分のためにやっているのです。

スピリチュアル系の人でも「自分は天国に行きたいからやる」という人がいます。それは、一応、合格です。ただ、それ以上、自分の死後の霊界や来生も考えずにやるという人が最高です。

たいそうなことを要求しているように聞こえるかも知れませんが、そうではありません。たとえば、神社に参拝していて、ゴミやたばこの吸い殻などが落ちていれば、人目とは関係なく何も考えずに拾えるかどうかです。困っている人を見て、その人にすぐに手をさしのべることができるかどうかです。つまり、神々や人々の喜びを感じることができることが、自分の喜びであると思えるかどうかです。

そういう人がこの本を読み、内容を理解したならば、一人で千人分以上の力を発揮できるのです。肉体を持っている人間の霊的なパワーは、正しく強く念ずれば、並の神々の力よりもはるかに強いのです。今、日本にそういう力が強く求められています。皆さんの力で日本を導き、そして日本の力で世界を導く時が来ているのです。

囲碁と将棋から

囲碁と将棋については、若い頃からなんとなくやろうとしましたが、やりませんでした。囲碁のルールや定石に関する本を買ったり、将棋をモチーフにした漫画や小説を読んだりしてきましたが、実はろくにルールも知らなかったのです。ルールを知らないどころか、将棋の駒の名前も動かし方も全く知らず、囲碁の終局も分からないという状態で、今でもルールはどちらもあやふやです。二歩の禁を平気でやり、駒が裏返ったらどう動かすかしばらく考えないと分からなかったり、碁石を平気で、どうにも打つ手のない相手の陣地に打つという状態です。

言い訳ですが、興味があっても今までやらなかった大きな理由は、いったんやり出すと時間を取られることです。今でも、そんな時間はあまりないのです。強くなる必要はなく、ルールが分かって駒や石を動かせたらいいのです。

囲碁をやっていて思ったのは、これは陣取り合戦であるということです。しかも、敵を巧みに包囲して、いかに効率よく、相手の石を奪うかということを相手の出方、引き方を見ながら、自分の石を奪われぬように仕組むということ。…これは、実は、わたし達の清めのやり方、そのものだったのです。ある地点を清める時に、皆さんに言っていることは、少なくとも三点、できたら四点以上の神社、あるいは山岳を清めることによって土地を囲ってしまうということです。そうすることによって、相手をそこから追い出し、あるいはそこに悪い力が働かないように封じてしまうということなのです。一点を清めても、周りを封じられたら力はすぐに失われますが、二点を繋げば直線になります。しかし、その間に入られたら、力は封じられます。ですから、三点以上を決めて面を作りますが、これもさらに大きな面で囲まれることになるので、遠くにも多くの拠点を作って、そこに繋げていきます。一応、相手を囲んで力を奪っても、相手が周りから仕組んできたら、またやられるのです。本当に、囲碁をする人には、清めのやり方が、すぐに納得できるのではないかと思うのです。「清めとはなんですか?」と聞かれたら、「囲碁戦なのですよ。日本や地球を盤面にしてやるのですよ」と答えたらいいです。

それから、将棋ですが、これは「玉を奪う」ということが、終局の目標であり、それ以外の駒の奪い合い、小競り合いは、そのための手段でしかありません。大きな力を発揮する「飛車」や「角行」にしても、それを動かしたり奪うことが目的ではないのです。これも、わたし達の会に置き換えて考えてみると、大きな示唆を与えてくれます。一つの目的に向けて、全員がそれぞれの力を尽くせということです。自分の力の強弱や得意技があり、戦い方はいろいろあるでしょうが、それを一つの目的に集中して向かえということです。

清めは誰でもできます

ここまで本書を読んでいただいても、難しいと思う方がいらっしゃるかも知れませんが、本当は実に簡単であると言えます。

今までは、少人数でお金と時間を使ってあちこち神社や山々を回って清めるということがありました。わたしを含めてそれはお金が入る仕事ではありませんので、ヒーヒー言いながら飛び回っていました。そのため、途中で止めてしまう人も多かったのです。

しかし、少ない人数では広がりがありません。わたし達の活動は、日本から世界へと広がって行かねばならないのです。

ここで考えを変えてみましょう。一人で一万人分やろうとすればけっこう大変ですが、百人いれば一万人分やるのは簡単だということです。一人が百人分だけで済むからです。とても百人分なんてできないと思われるかも知れませんが、霊の世界は、思いの世界ですから、小さい女の子が百人の大人の男性を一度に投げ飛ばすことだって、コツさえ掴めば簡単です。本書を読んで納得されてやってみようと思われるだけで、神社の参拝も一人で千人が正しい祈りをしたことになるのです。

まずは、自分の家の近くの神社でやってみてください。できたら一社だけでなく三社を回るのです。一社だけでは点で、その神社だけの清めです。二社になると、神社と神社が結界線で結ばれます。三社になると結界線は三角形を作り、その中が清められます。その中に自分の家や職場があるようにするのです。そうすれば、魔の力が作用しにくくなります。

スピリチュアルなことに興味がある人も、自分の生活のことだけに関心があって神社巡りをしている人がいます。それを非難するつもりはありませんが、それではもったいないです。人は自分だけで生きているわけではないのですから。

たとえば、自分の住んでいる地域が洪水や地震や津波で壊滅し、自分だけが生き残ったとしたら、あなたは嬉しいでしょうか？　そうではないと思います。本当の幸福とは、奇跡的なことが起きて助かることではなく、日常の生活をいつものように続けることなのです。

そうならないためには、自分の生活の祈りの前に、地域のために祈ってはどうでしょうか。そうすれば、神々はそれを喜んで受け入れられるでしょう。そして、あなたは、神々をも助けることになるのです。その輪を広げて、神々と協力して地域を日本を、そして世界を自然災害や戦争の危機から救うのです。戦争は関係ないように思われるかも知れませんが、戦争は人間の悪念から発しています。その悪念を神々の御心に叶う善なる想いによって祓うことで、戦争を回避できるのです。

うちには会員がいますが、何をどこまでやるかは自由です。自分で、会員になると言われたらそれで会員ですし、何もしなくても強制したりしません。会員を新たに募って会費を取ったり、ノルマを課したりすることは一切しておりません。自分自身で試みていただければそれで充分です。

おわりに

今回書いた話は、世にほとんど出ることのなかった平成十六年に発刊した『新事記』(山陰ランドドットコム社)とその次の年から始めたブログに書いてきたことをまとめたものです。その霊的なことの解釈の基本は、その当時からほとんど変わることはありません。

初めに霊眼が開けて神々と話をしてはしゃいでいた下の娘も、昨年、平成三十年三月に大学を卒業し、社会人として働くようになりました。下の娘は、小学校の高学年になるあたりから、霊的なことを言わなくなり、「今ではその当時のことが夢のように思える」と言っています。それでも、完全に霊的な力がなくなったわけではないようです。上の息子は霊的能力もあるのですが、精神的に不安定となる時期に霊的な仕事をさせてはいけないという高天原の配慮なのでしょうか、霊的能力があることは確認していますが、離れて暮らしており、そちらの方面で会と関わることはしていませんので、よく分かりません。上の娘は、人の心を読んだり、予知したりする能力に長けていますが、神々との対話をさせたことはありません。それでも、うちに霊的現象が起こってからしばらくの間は、いろいろと霊体が見えていたようです。

主人は今でも時々上の娘に相談をしています。上の娘は我が家で霊的なことが起きるずっと前から霊的な感覚に優れており、下の娘が産まれる時間も、医師とは違う予定時間を言ってピタリと当てました。パチンコで当たる台を主人に教えて罰せられたことは、この本でも書いた通りです。上の娘の場合は、下の娘と違って、元からある霊能力が、特に大きくなるわけでもなく、ずっとそのまま継続しているという感じです。下の息子は、小学校に入る前はいろいろな霊体が見えたようで、神社に一緒に連れて行こうとして竜が見えたりすると恐れていましたが、小学校に入学して以降は何も霊的なことは分からないようです。主人は、時々寝入りばなにいろいろなことが見えたり聞こえたりしていましたが、今では祓うことの方に徹しています。

そういうことで、今ではわたしが下の娘の分まで霊的仕事をしています。本文の中でも述べましたが、わたし達はわざわざ霊力を開発するようなことはしませんので、そういう能力が出てくれば、それに対処し、なくなればそのまま放って置くことにしています。必要であれば、またそれぞれの能力が戻ってくるでしょう。

今でも毎日霊的な現象は起きていますし新しい発見もありますが、新しいことが分かると記録を取らねばならないし、スピリチュアルなこととは無関係の肉体としての仕事もあるので、ふだんは主人も神々や眷属や人の霊体とあまり深い話はしないようにして毎日を過ごしています。

ただ、このたびアメージング出版から本を出して頂くということになり、これからもっと深くいろいろなことを読み解いて発信していくようになるかも知れません。

霊がこの世に残っているというようなことを聞くと、多くの方は驚いて恐れますが、実際は道に迷って行き場がなくて困っている方たちなのです。また、神々は人霊の中で、レベルの高い方々だと考えていいでしょう。わたし達だって、肉体を持っている霊体です。やがては今いただいている肉体から離れるのです。その時、どういう霊界に行くかは、今どのように考え毎日を生きているかで決まってきます。死ぬ直前に急に生活を変えても駄目なのです。神々と一緒に考え行動するということを、日々の生活の中で実践してみてください。

神社は特別な霊的磁場となっています。あなたが良い祈りをすると、それだけで地域がよくなります。

神社に参拝して、小声でいいですから周りの人々を含めて良いことと正しいことを実践したいという話をしてください。あなたがよい波動を持っていれば、神々はそれを聞いておられます。

自分さえよければいいのだということでは、神々はあなたを受け入れられないでしょう。あなたに反応するのは、悪戯が好きなキツネやヘビということになります。

主人は、子どもの頃からたくさんのスピリチュアルな本を読んできましたし、宗教や哲学の本も読んできました。ですから、そこから得た知識はわたし達の本にも反映されています。たとえば霊的現象が家族で起こり始めた頃、親しくなったTさんが勧めてくれたワールドメイト、さらに大本教、生長の家、GLA、統一教会、エホバの証人、モルモン教、幸福の科学、キリストの幕屋など、一般的に怪しいと言われているところも含めて、街頭で呼ばれたら話を聞きに行き、書籍も進んで読んでいました。しかし、どこにも属したことはありません。わたしも主人も、宗教には自分らの家の属する曹洞宗の檀家であるという繋がりしか持っていません。

神社関係の解釈として基本的なことがきちんと書いてあると思ったのは、ワールドメイトです。その判断は、わたし達に霊的現象が起こって確かめたところ、間違っていなかったからということです。ですから、同じようなことが書いてあるとしても、剽窃《ひょうせつ》したのではなく、真実だから同じように書いているわけです。数学の十進法で「1＋1＝2」であることを誰に習ったかいちいち書かないように、「神社に神様がいらっしゃる、竜がいる、キツネがいる、へビがいる」ということは霊視して、話をして、仕事を命じてと、あまりに当たり前なので、わざわざ誰に聞いたとは書かないわけです。

わたし達が『新事記』を発刊した翌年、ブログを始めてから十三年になりますが、ブログのことが分からず「転載不可」を押していなかったために転載されたり、会員が読み解いたことを勝手に自分のブログに書いて拡散してしまったりしたこともあり、他のブログを読んでいて「えっ！」と思うことがあります。ただ、これも、同じように読み解かれた場合もあるわけでなんとも言えません。

もちろん「神社に神様がいらっしゃる、竜がいる、キツネがいる、ヘビがいる」ということに加えて、「人は死んでも霊体は残る」「霊界は存在する」「人は輪廻転生する」というようなことは当たり前のことなのです。

それはともかく、読者の皆さんにはまずは動いてほしいのです。神社だけでなく、仏閣でもキリスト教の教会でも霊的磁場を作っていますが、地域や自分を変えようと思えば、神社が一番効果的です。神社に参拝したときに少しだけ変えてみてください。神社の神々からパワーをもらうだけでなく、パワーをあなたが神々に与えるという方向にです。

たとえばそれは、神社に落ちているゴミを拾うということでも、腐ったものがいつまでも供えてあったら取り除くということでも、祈りの中に自分のことだけでなく地域全体や国の安全を祈るということでもいいのです。それだけで違ってくるのです。

もしも、人々が「お金がほしい」「恋人がほしい」「憎いあいつを殺してほしい」といった個人的でこの世的に低い願いのみをかなえようとして神社に参拝に来るならば、神社の霊性は次第に落ちて、神々ではなく悪霊や悪竜の住処となってしまいます。

神々は悪い想念が集まってきたときに自らの力で払いのけられるほど、強くはありません。しかし、肉体を持った人間の協力があれば、神々はその力を発揮でき、その地域の霊性は上がっていきます。その時、神々は善なる祈りと共に生活している人の側にいらっしゃることになるでしょう。

あなたも、神々を助け地域をそして日本や世界を清め、気を上げ、正しき平和を築く一人となってくださるよう願っております。そして、これこそがわたしの言う「わくわくスピリチュアル」なのです。

最後になりますが、この本を上梓するに当たってアメージング出版の千葉慎也氏を初めとする方々やうちの会員や友人の方々に、編集校正の面でいろいろとお世話になりました。お礼申し上げます。また息子たちや娘たちにも、いろいろとありがとう。

平成三十一年二月三日

稲田千明